HAYMON verlag

Folke Tegetthoff

Die Bewunderung der Welt

der Welt

Eine Verzauberung

© 2009
HAYMON verlag
Innsbruck-Wien
www.haymonverlag.at

ISBN 978-3-85218-597-2

Umschlag- und Buchgestaltung:
Kurt Höretzeder, Büro für Grafische Gestaltung, Scheffau/Tirol
Coverfoto: nach einem Gemälde von Slavica Marin, Umag, Croatia
Autorenfoto: Christian Jungwirth

Gedruckt auf umweltfreundlichem,
chlor- und säurefrei gebleichtem Papier.

Meine ganze Bewunderung
gilt meinen Kindern
Tessa, Sophie, Kira und Floris ...
und Astrid, die dies alles möglich machte.

Der Zauberer

Es kam selten vor, dass sich Reisende in die einsame Landschaft verirrten. Taten sie es, wurden sie mit Argwohn betrachtet, denn es war für die Menschen des Tales unverständlich, was einer von Draußen daran finden könne, seine große Welt zu verlassen, durch das Taltor zu kommen und hier, ausgerechnet hier etwas zu suchen.

Diese Gedanken standen in den Gesichtern der Dorfleute, als der Reisende aus seinem Wagen stieg und deutlich Anstalten machte zu bleiben. Er hatte nämlich nicht, wie üblich, eine Landkarte in der Hand und fragte nach dem Ausgang aus dem unscheinbaren Tal, nein, er trug einen Koffer und fragte nach dem Hirtensim.

Allein die Verwendung des Vulgonamens zeigte den Dorfleuten, die sich um den Reisenden scharrten, dass er nicht zufällig hierhergekommen war, sondern dass er seinen Ausgangspunkt in der großen Welt (er sah danach aus) nur zu dem Zweck verlassen hatte, in dieses Dorf und dieses Tal und zu der unscheinbaren Person des Hirtensims zu gelangen. Statt einer Antwort bekam der Fremde eine Frage: „Was wollen sie von DEM?"

Das Dorf hatte sich des Reisenden bereits in den ersten Minuten seines Hierseins bemächtigt. Ihm deutlich zu spüren gegeben, dass es hier keine Einzelpersonen gab, sondern nur die Gemeinschaft, die darauf besteht, ja ein Recht darauf hat, über alle Vorgänge Bescheid zu wissen. Hier, so schwang es in dieser Gegenfrage mit, herrschten andere Gesetze als dort draußen, hinter dem Ausgang des Tales. Dort, in der großen Welt, könne man vielleicht ungeschoren nach einem Herrn Maier fragen. Hier nicht.

In Gedanken hatten einige Männer der kleinen Gruppe (es waren auch zwei Frauen anwesend) schon ihre Hemdsärmel aufgekrempelt, denn auf ihre Frage erwarteten sie eine schroffe, städtische Zurückweisung, und die würde man keinesfalls auf sich sitzen lassen, und notfalls den Koffer samt dazugehörigem Träger in seinen Wagen zurückprügeln.

Diese Haltung entsprang nicht etwa ungezügelter Brutalität, vielmehr entsprang sie einer selbst auferlegten Unsicherheit gegenüber der Fremde jenseits des Tales. Grund und Boden gaben dem Dorfbewohner seine Kraft. Das Unbekannte außerhalb würde ihm diese Stärke nehmen – deshalb blieb er hier und betrachtete den, der das Wagnis des umgekehrten Weges eingegangen war, als ungleich stärker. Ein solcher Mensch war mit Vorsicht zu behandeln, sein Hiersein zeigte Stärke, die ihm erlauben würde, jede Frage und jede Handlung abzuschmettern.

„Ich bin der neue Mieter des Hirtensimhauses, deshalb muss ich zu ihm!", antwortete der Reisende lächelnd. Diese freundliche Antwort, die Selbstverständlichkeit, mit der er den Dorfbewohnern mitteilte, dass er gedenke, einer von ihnen zu werden, diese Antwort verkündete: Die Zeit eurer fassadigen Stärke ist vorüber, nun kommt mit mir ein anderer Maßstab in euer Dorf – und bestätigte das Misstrauen, das sie ihm von dem Augenblick an entgegengebracht hatten, als er so verdächtig fröhlich ausgestiegen war und tief ein- und tief ausgeatmet hatte, als wolle er sie und ihr Land gänzlich aufsaugen und von ihnen Besitz ergreifen.

Doch so schnell gaben sich die Dorfleute nicht geschlagen: „Das Haus wollen sie mieten? Davon hat uns der Hirtensim aber gar nichts erzählt!" Dabei sahen sie sich gegenseitig scheinheilig an, waren in diesen Sekunden wirklich zur Gemeinschaft gewachsen, die als erste gemeinsame Tat dem ungehörigen Hirtensim einen Strick drehte, weil der ihnen, dem Dorf, etwas verschwiegen hatte, was wohl alle anging.

Einer murmelte: „Das kann ich gar nicht glauben."

Die anderen schüttelten den Kopf, als würde dies helfen, den Reisenden zur Umkehr zu bewegen.

Plötzlich platzte eine der Frauen heraus, die bisher zu jeder Frage und zu jeder Antwort immer nur genickt hatte: „Jesus und Maria, sind Sie vielleicht der berühmte, der, na, wie heißt er denn ...", und hielt sich die Hände vor den Mund, entweder um einen Entzückungs- oder einen Entsetzensschrei zu unterdrücken.

Die Männer fuhren geschlossen herum, am liebsten wären sie über sie hergefallen, aber dann hätten sie die dringend benötigten Informationen über die näheren Umstände von dem Reisenden erfragen müssen und diesen weiteren Triumph wollten sie ihm nicht auch noch gönnen.

Nun waren sie eingekreist: der Hirtensim, der sich mit der Außenwelt gegen sie verschworen hatte, SIE, die offenbar mehr wusste, und ER, auch noch ER, der Reisende, der immer noch so unverschämt glücklich dastand, in ihrem Dorf, wo Glück nur bei ausgeschaltetem Licht und Sonntag vormittags gezeigt werden durfte. Dieses Dorf arbeitete und kämpfte – Glück war ein Freizeitvergnügen. Das Land war ein zu sezierender Körper und nicht Lustobjekt, tief ein- und tief auszuatmen und in Besitz zu nehmen war nicht angebracht.

„Wer? Was?", stießen grobe Stimmen ins Ohr der Frau. Sie hatte mit ihrem Wissen nicht nur die Männerrunde besiegt, sondern auch den Reisenden. Seine Anonymität war gelüftet, das Dorf wusste etwas über ihn – er wusste nichts, nicht einmal wo der Hirtensim wohnt.

„Sie sind doch der Doran oder Duron?" Die ungenaue Kenntnis des Namens gab der Frau und mit ihr der ganzen Gruppe ein Gefühl der Überlegenheit.

So berühmt war er also doch nicht, sonst hätte man sich den Namen ja gemerkt. Peter Alexander, das merkt man sich, der ist berühmt. Der würde auch nicht hierherkommen – was sollte DER hier?

„Genau, ich bin Leon Dorin."

Der Name hatte Bedeutung, dies war den Dörflern augenblicklich klar, als sie ihn hörten.

„Le..." – die Blicke begannen unten bei den Schuhen, die blank geputzt waren – „...on" – fuhren die feine Hose entlang, die, sollte er wirklich hierbleiben, sicher nicht lange mehr fein sein würde – „Do..." – prüften das Hemd, das nach Geld aussah –, und beim „...rin" waren sie endlich beim Gesicht angelangt, das noch immer strahlte. Sicher noch mehr strahlte, weil er erkannt worden war. Die sollen ja eitel sein, die Prominenten, hört man ja immer wieder.

„Sie sind der Dorin???", wiederholte eine Männerstimme, die den Namen sicher noch nie im Leben gehört hatte, aber diese Frage wollte auch nicht fragen, im Gegenteil, sie sollte treffen: Einer, der so heißt und angeblich berühmt ist, kann nicht so berühmt sein, sonst würde er sich jetzt nicht den Fragen eines armseligen Dorfvolkes aussetzen. Und damit kam ihnen zu Bewusstsein, dass sie die Stärke, die sie auf ihrem Grund und Boden immer besessen hatten, beim Auftauchen des Wesens aus der großen Welt jenseits des Taltores fast zur Gänze eingebüßt hatten. Was würden sie als nächstes einbüßen müssen?

Der eingeschüchterte Männerhaufen geriet gleich darauf in den nächsten Hinterhalt, denn nun meldete sich auch noch die zweite Frau mit verklärtem Lachen: „Hab ich sie nicht vor ein paar Tagen erst im Fernsehen gesehen?"

Das war wohl der Gipfel! Das auch noch vor ihm einzugestehen, bedeutete den Verlust der letzten, winzigen Vorteile, die sie noch besessen hatten: Nun konnte er, der Reisende, der Fremde, dieser Dorin, das Dorf ohne weitere Gegenwehr einnehmen. Er schien im Fernsehen gewesen zu sein und nun war er hier, direkt aus dem Fernsehkasten gestiegen, zu ihnen, den Leuten des unscheinbaren, nichtssagenden Dorfes. Die Sache mit dem Hierbleiben war völlig in den Hintergrund gedrängt, ja bedeutungslos geworden, denn nun ging es für die Männer nur noch darum, einen günstigen Frieden, ein halbwegs heiles, ehrenhaftes Davonkommen auszuhandeln. Irgendwie mussten sie ihre Kraft wiedergewinnen, durften sich ihre Niederlage nicht ansehen lassen. Dieser Dorin, der ihre Frauen behexte, während sie, die Bauern, im Ackerboden Furchen zogen, der mit seinen blankgeputzten Schuhen und seinem Koffer in ihre verlehmte, verbierte, versonntäglichte Welt eingebrochen war, der mit einem Augenblick Fernsehen jene Bedeutung gewann, für die sie saufen, raufen, huren mussten, diesen Dorin mussten sie rasch für sich gewinnen. Mussten rasch ein „Ach, jetzt kann ich mich auch erinnern ..." vor seine blankgeputzten Schuhe werfen, rasch ein breites Lächeln aufsetzen, um die Wunden zu verbergen, die er mit seiner großen Welt bereits in ihre kleine gerissen hatte, rasch kräftige Klopfer auf schmächtige Schultern setzen, um wenigstens noch die Muskelkraft ins längst verlorene Spiel zu bringen, und vor allem, um endlich Auskunft zu geben, wo der Hirtensim zu finden sei.

Noch während die mutmaßliche Berühmtheit mit dem Koffer in die angegebene Richtung unterwegs war, verbreitete sich die ungeheure Nachricht wie ein Lauffeuer im Dorf.

Alle Blicke richteten sich auf das Hirtensim'sche Anwesen, denn dort würde sich ja alles entscheiden. Blieb er, der Dorin, war das Dorf, nach Meinung der meisten seiner Bewohner, für alle Zeiten aus seiner Bedeutungslosigkeit gerissen, und man müsste rechtzeitig die notwendigen Schritte einleiten, um für diesen Fall gewappnet zu sein. Womöglich würde in Kürze das Fernsehen hier auftauchen, da müssten die Spinnweben gekehrt, die Schürzen geflickt und das Mostfass gefüllt sein. Ja, in diesen wenigen Minuten heftigster Gedankenarbeit kam sogar der Vorschlag, diese Gelegenheit doch endlich dafür zu nutzen, dem Feuerwehrhaus den längst fälligen neuen Anstrich zu geben.

Es gab nur noch wenige, die nicht in diese optimistische Aufbruchsstimmung einstimmten. Zugleich aber waren sie nicht minder aufgebracht und nervös, denn – fuhr er wieder fort, müsste dies doch bedeuten, dass ihm in letzter Minute doch etwas missfallen habe: das Tal, die Landschaft, das Dorf, das Haus? Oder: „Womöglich wir???" Und dies würde die endgültige und unwiderrufliche Versenkung des Dorfes ins Niemandsland bedeuten. Ein Wort von IHM in einer Zeitung oder, was nicht auszudenken war, in seiner Fernsehsendung: „Also ich kenne da ein Dorf, ich sage euch, das ist ein Drecknest!" Dann könne man sich auf kein Feuerwehrfest in der Umgebung mehr wagen, ja, auch das eigene – einsamer Höhepunkt des dörflichen Lebens – vergessen: Keiner würde kommen.

Das Wort- und Gestengewirr wurde unterbrochen, als jemand „Pst" rief und mit zitterndem Zeigefinger auf das Hirtensimhaus zeigte. Dort waren Mieter und Hausherr aus der Tür getreten, lachend und laut diskutierend. Sie marschierten den Weg hinüber zu dem Mietobjekt, ein stattliches Haus, das der Hirtensim vor ein paar Monaten geerbt hatte.

„Dass uns der Simmerl nichts erzählt hat", schürte eine Frau wieder das Gemeindenken des Dorfgeistes, und sofort fielen die anderen in diese neue Anklage ein, ohne jedoch die beiden Spaziergänger aus den Augen zu lassen. Dabei kam ans Tageslicht, dass der Hirtensim den Dorfleuten ja schon immer irgendwie eigenartig erschienen war. Ganz hatte er sich nie in die Gemeinschaft einfügen wollen und es war nur deshalb nie aufgefallen, weil sie alle gnädig darüber hinweggesehen hatten, und sie ja niemandem etwas Schlechtes nachsagen wollten. Abgesehen davon – die Dörfler schwenkten während des Gespräches immer wieder in eine andere Richtung, weil das Miethaus in ihr Blickfeld geriet – wäre dieses große stattliche Anwesen nichts für den Sim gewesen, aber dass er gleich einen Fremden hineinnehmen musste, wo er doch zuerst die Dorfleute hätte fragen können.

Aber nun sei es geschehen und so eine Berühmtheit ... „Was macht der Dorin eigentlich? Singt der net?"

Über die neue Aufregung um seinen Beruf (die Auswahl reichte vom Politiker bis zum Hochseilartisten) wäre dem versammelten Dorf fast entgangen, dass die beiden, Dorin und Sim, durch den Hinterausgang getreten waren und auf sie zumarschierten. „Der Koffer", rief eine Frau und gleich fiel es allen wie Schuppen von den Augen: Leon Dorin trug den Koffer nicht mehr! Er hatte ihn im Haus gelassen und was das hieß, war jedem klar – er würde bleiben!

„Das ist mein neuer Mieter", kam der Hirtensim freudestrahlend auf die für diese Tageszeit ungewöhnlich große Ansammlung von Dorfleuten zu. „Das ist der Herr Dorin Leon, der berühmte Zauberer, ihr kennt ihn ja sicher aus dem Fernsehen." Der Hirtensimmerl war während dieser Vorstellung um dreieinhalb Köpfe gewachsen, und jedes seiner Worte war die Genugtuung für allen Tratsch, den er seit Jahren erdulden musste. Den Versammelten schnitt jedes dieser Worte ins Herz – gerade ihm, dem Sim, hatten sie diesen Triumph nicht gegönnt. Nun hieß es abermals rasch zu handeln, um den Mitbewohner wieder dorthin zu schicken, wo er hingehörte: Das Dorf ignorierte ihn einfach, und dafür konzentrierten sie sich ganz auf den Neuen.

Nun, da alles klar war, der Koffer im Haus wie die Fahne auf erobertem Land stand, das Schicksal längst seinen Lauf angetreten hatte, tat jeder gut daran, schnell das Beste für sich herauszuholen und den Herrn aus der großen Welt, der wohl ein bisschen was davon in seinem Koffer mittrug, gebührend zu begrüßen und dafür zu sorgen, dass sich das Gesicht jedes einzelnen Dörflers bei ihm einpräge.

„Geh, Sim, glaubst du wirklich, wir haben deinen Mieter nicht gleich erkannt?", versuchte der erste sein Glück und die anderen fielen mit einem feixenden Auflachen oder Kopfschütteln ein. Gern hätte der eine oder andere noch einen Satz extra eingeworfen, etwa über die Person, das Leben oder den Beruf des Mieters, aber da ihn keiner kannte, niemand etwas von ihm wusste, außer dass er mal im Fernsehen zu sehen gewesen war, nickten die meisten nur und murmelten ehrfürchtig: „Ja, Fernsehen, das Fernsehen."

Dieses peinliche Schweigen rief so manchem der Dorfleute ins Bewusstsein, wie weit man von den Dingen des Lebens, des großen Lebens, entfernt war.

Sie sahen ja nicht einmal richtig fern. Saßen davor, um nicht reden zu müssen, weil man einander nichts zu sagen hatte. Und im Gasthaus beschworen die Männer ihre Stärke und die Frauen ihre Kochkünste, um zu verbergen, wie groß die Sehnsucht nach draußen war. Das konnte so lange gutgehen, solange man nur mit denen zu reden brauchte, die ebenso begrenzt waren in den Worten, ebenso träge waren in den Taten und ebenso ängstlich darin waren, ihre Gefühle preiszugeben. Diese Zeiten waren nun vorüber. Der Zauberer hatte die Dorfbühne betreten, er schien nichts anderes zu sein als die gesammelten Hoffnungen der Dorfleute, die sie immerzu nach außen gesandt hatten. Er würde ihre Ausflüchte in seinem schwarzen Hut verschwinden lassen. Die Männer würde er zersägen und die Frauen in die Lüfte schweben lassen. Wieso war dieser Zauberer, aus dem Fernsehkasten heraus, ausgerechnet in ihr Dorf, in dieses unscheinbare, nichtssagende Dorf gestiegen?

Nach diesen aufregenden ersten Tagen beruhigte sich das Dorfleben wieder. Es war Sommer und die Bauern verbrachten den ganzen Tag auf ihren Feldern und in den Gärten. Trotzdem ließ es sich keiner entgehen, den neuen Bewohner bei jeder Gelegenheit zu beobachten.

Morgens pflegte der Herr Dorin aus dem Haus zu treten, sich gegen Osten zu wenden und, allem Anschein nach, die

Sonne zu begrüßen. Er hielt dabei beide Hände hinter dem Kopf, verbeugte sich und lachte. Ziemlich laut. Jeden Morgen. So etwas wäre einem Urdorfeinwohner niemals eingefallen. (Nun gab es ja Ur- und Neudörfler. Der Ankömmling brachte die einfachsten Definitionen durcheinander.) Für sie war das erste Licht des Morgens eine schrille Klingel, die zur Arbeit rief. Für den Genuss früher Sonnenspiele mit blinkenden Tautropfen an Spinnweben blieb keine Zeit. Oder wurde die Arbeit von ihnen als ständige Last mitgeschleppt, weil das Empfinden solch genussvoller Augenblicke als unpassend für den Bauernstand empfunden wurde? Jedenfalls, so dachten die Dorfleute, könne es sich keiner von ihnen leisten, am Vormittag spazierenzugehen, was der Neue ebenfalls täglich tat.

Überhaupt: Spazierengehen! Gehen um des Vergnügens willen. Zum Vergnügen säuft man, erzählt man unanständige Witze, oder küsst und mehr. Aber gehen. Wozu? Wenn die Leute des Dorfes an Sonn- und Feiertagen das obligatorische Sonntagshuhn gegessen, die Frauen den Abwasch getan und die Männer nichts mehr zu reden hatten, gingen sie auch. Aber niemals zum Vergnügen. Es war ein einfacher Vorgang: Man nannte den Spaziergang Flurbeschau. Begutachtete kritisch die Ackerfurche, wie es um die Saat stand, linste unter ein Blatt des Obstbaumes, ob Schädlinge am Werk waren, schubste mit dem Fuß Erdklumpen zur Seite, um die Feuchtigkeit, scheinbar, zu prüfen. Bis endlich der vorgerückte Zeiger der Uhr an die Tierfütterung erinnerte – irgendein Grund ließ sich immer finden, den Heimweg anzutreten.

Wenn sie werktags auf ihren Traktoren über die Äcker oder sonstwohin dschunkten, warfen sie manchen Blick zum großen Haus hinüber und versuchten sich vorzustellen, was darin jetzt wohl für geheimnisvolle Dinge vor sich gingen. Beim Gedanken an eine schwebende Jungfrau grinsten sie still vor sich hin. Wenn er in ihrer Vorstellung gerade Gifte braute, wurden sie nachdenklich, ob es recht war, einen solchen Mann hier zu dulden.

Leon Dorin lebte nun schon einige Wochen im Dorf, und noch immer hatte keiner eine Ahnung, was er denn eigentlich wirklich trieb. Zauberer, was hieß das?! Zauberte er in einem Varieté? Dafür sah er zu gewissenhaft, zu brav aus. Außerdem, was hätte er dann im Fernsehen verloren gehabt? Zauberte er mit Hasen, oder bunten Tüchern? Ihre langen Blicke auf die Fenster des Hauses suchten nach Antworten, obwohl sie wussten, dass es sinnlos war, davon irgendetwas zu erwarten. Das Haus jedoch und seine Fenster hatten ihnen ein Stück der großen Welt in ihre kleine gezaubert. Sie begannen, Vorstellungen zu haben: Von den Geschehnissen hinter den Fenstern, sie ahnten etwas von wichtigen Telefonaten, von Briefen, die in fernen Städten aufgegeben worden waren und einen Hauch ihrer weiten Reise durch das Tal wehen ließen. Menschen in New York, in Rio, in New Delhi würden den Namen des Dorfes lesen, sich wundern, fragen, wo das denn sei, vielleicht würden sie lachen. „Ha, sollen sie nur lachen", dachten dann die braven Bauern, „dafür wohnt ER hier bei uns." SIE konnten ihn täglich sehen, die, die lachten, müssten sich damit begnügen, ihm zu schreiben, und wollten sie ihn bei sich haben, würden sie sicher viel Geld dafür zahlen müssen – Zauberer sollen teuer sein.

Eines Nachmittags bestieg er seinen Wagen, winkte freundlich wie immer und fuhr weg. Das erste Mal, seit er Neudörfler geworden war. „Jetzt fährt er in die Stadt", dachten sich die Urdörfler, und es fiel ihnen schwer, sich einzugestehen, dass sie seine Rückkehr herbeisehnten. Sie hatten ihn also doch als einen der Ihren angenommen, ja mehr noch, denn an keinen der Ihren hatten sie jemals auch nur einen Gedanken verschwendet. Bei ihm war das anders: Sie dachten, und war es auch nur für Sekunden, an die Wege, die er gehen würde, an die Leute, mit denen er sprechen würde – es waren keine konkreten Bilder, nur Ahnungen. Und als er, vor Einbruch der Dunkelheit, zurückkam, folgten ihm die Augen des Dorfes, und innerlich atmete jeder auf.

An diesem Abend erschien, ohne jede Vorwarnung, ansatzlos, fast hinterlistig, Leon Dorin in allen Häusern des Dorfes: Er tauchte plötzlich am Bildschirm auf. Es war ein Interview, und er saß auf einem Sessel und sprach und lachte und war fröhlich. Das Dorf hörte kein einziges seiner Worte, so sehr waren sie alle mit ihren Gedanken beschäftigt. Deshalb also war er in die Stadt gefahren. Vor etwa einer Stunde aber hatten sie ihn heimkommen gesehen, folglich musste das, was sie jetzt sahen, eine Aufzeichnung sein, obwohl alle am Bildschirm so taten, als passierte die Handlung in diesem Augenblick, in derselben Sekunde, in der die ahnungslose Welt vor dem Fernseher saß. Aber SIE wussten es, die Bewohner des unscheinbaren, nichtssagenden Dorfes, SIE waren eingeweiht. Während alle dort draußen, in der „großen Welt" glaubten, er, Leon Dorin, sitze jetzt in einem Fernsehstudio, brauchten sie nur aus dem Fenster zu blicken, hinüber zum großen Haus, zu den hell erleuchteten dreizehn Fenstern, wo man ihn, der eben jetzt, in dieser Sekunde, vom Bildschirm sprach, hin und her wandern sah. Was für ein Gefühl, den Schein, Lug und Trug der großen Welt zu durchschauen! Das kleine Fenster in die weite Welt, diese lügende Mattscheibe war entlarvt. Die Wahrheit, das Leben, lag vor ihren Fenstern, die sie öffnen und nachsehen konnten, was Wirklichkeit bedeutete, dort wo sie tief durchatmen konnten, um die Welt einzufangen.

An diesem Abend gab es genügend Gesprächsstoff im Dorf. Und während ER hinter dreizehn hell erleuchteten Fenstern irgendetwas tat, was außerhalb der dörflichen Vorstellungskraft lag, ließen SIE ihn hochleben.

Manchmal kam es vor, dass der eine oder andere aus dem Dorf Leon Dorin bei dessen Spaziergängen über den Weg lief. Die Frauen grüßten verlegen und gingen weiter, die Männer blieben stehen und zeigten Willen, ein Gespräch zu beginnen. Über die üblichen Allgemeinplätze, deren Antworten schon vorher feststanden, kam dann bald jeder auf die Fragen, die ihn ständig beschäftigten. Beliebt war: „Sagen Sie, was gefällt Ihnen eigentlich so bei uns, dass Sie hier wohnen und nicht dort, wo Sie hingehören?"

„Ich gehöre hierher", antwortete darauf die Berühmtheit, „mein Weg führte mich hierher. Dort, wo Wege enden, sollte man bleiben. Zumindest eine Zeitlang."

„Ja, ja, aber ..." bedeutete: Dein Gequatsche verstehe ich nicht, antworte gefälligst so, dass ich weiß, worum es geht.

„Wissen Sie, ich finde das Land hier wunderschön. Diese sanften Hügel. Haben sie nicht etwas von einem menschlichen Körper an sich? Am liebsten würde ich das Land streicheln, verstehen Sie? Ich finde auch, jede Witterung verleiht eurem Land eine eigene Persönlichkeit. Das sind Wesen für mich (und dabei machte er mit der Hand eine Bewegung von ungefähr 270 Grad, so wie man sie bei Zauberern gelegentlich sieht), die leben, atmen, wie Sie und ich!"

„Hm", gab der Dorfmensch seinen Kommentar dazu, „naja, wir sind Bauern, wir sehen das ein bisschen anders. Für uns ist das dort ein Acker und das dort ein Wald. Sonst nichts, für etwas anderes haben wir keine Zeit. Nichts für ungut, Herr Dorin, Grüß Gott." Lachte und wandte sich wieder seiner Arbeit zu.

Aber was der Mensch aus der großen weiten Welt gesagt hatte, wollte nicht mehr aus so manchem Kopf gehen. So geschah es mit den meisten, die mit ihm gesprochen hatten. Irgendetwas war ihnen ins Hirn gepflanzt, das mit ihrer Ordnung nicht übereinstimmte, und deshalb stand es abseits und wurde von den Gedanken nicht gleich verschlungen. Es war das Bild eines Landkörpers, dessen Herz sie pochen hörten, der neben ihrem Dorf lag wie die Geliebte beim Geliebten, leicht gebogen, wie in Schlafstellung, und dem Dorf sanftmütig und geduldig bei der Arbeit zusah. Natürlich wehrte sich das Hirn gegen diesen Fremdkörper im Kopf, versuchte ihn hinterlistig mit anspruchslosen Gedanken und Sorgen zur Seite zu drängen; aber ein Blick genügte – hinüber zum großen Haus, zum spazierenden Zauberer –, und dieses Etwas, das wie das Bild eines Landkörpers aussah, hatte sich schon wieder erholt und ließ sein Herz lauter pochen, so lange, bis es im gleichen Rhythmus schlug wie das Menschenherz.

Es war Herbst geworden und der Neudörfler verbrachte viel Zeit auf den Wegen zwischen den hoch bewachsenen Feldern und zwischen den Bäumen des für diesen Landstrich typischen Mischwaldes. Er tauchte an den verschiedensten Plätzen auf, dort, wo man keine Geher erwartet, er schien wie vom Wind getragen, wie ein großes Blatt, das umherweht. Sein Leben mit dem Landkörper war für jeden immerzu sichtbar. Er war der wandernde grüne Punkt auf dem Radarschirm, die Dorfleute die Lotsen, die seine Spuren verfolgten. Sie sahen ihm beim Gehen zu und gingen insgeheim mit ihm. Sie sahen ihn stundenlang an einem Platz verweilen und erinnerten sich plötzlich ihrer Ruhelosigkeit. Dabei hatten sie gedacht, als er vor Monaten bei ihnen eingedrungen war, er werde ihnen die große Welt bringen, werde sie daran teilhaben lassen, hatten gedacht, es nicht ertragen zu können, ihre Stärke durch ihn schwinden zu sehen; eine Stärke, die überlebt hatte, weil ihr der Maßstab fehlte, aber er hatte ihnen etwas völlig anderes gebracht: IHRE Welt.

Durch seine Augen sahen sie plötzlich das zur Gewohnheit Verkommene, wanderten mit ihm über vergessene Wege, hörten durch seine Ohren den Klang ihres Landes. Wenn sie weit oben am Waldrand einen Punkt auftauchen sahen, nahmen sie im Geiste sogleich Kontakt zu ihm auf, und während ihre Hände rührten und melkten und pflügten, waren ihre Gedanken durchgebrannt und spazierten gemeinsam mit ihm am Waldrand entlang. Dann kam plötzlich die klecksige Blumenleinwand aus der Erinnerung, stiegen zwischen Zwiebelduft aus der Bratpfanne und Mistgeruch aus dem Stall Wellen von Waldluft auf – diese Bilder kamen nicht von außen, sie kamen von innen und dort blieben sie auch. Mit einem Mal atmeten sie tief ein und tief wieder aus und verspürten dabei Glück, und nicht ihr schlechtes Gewissen, dachten dabei an ihr wunderbares Land, ihr wunderbares Dorf.

Wenn sie nun durch das Taltor hindurch in die große Welt fuhren, war es anders als früher: Denn nun hatten sie einen Maßstab, der ihnen diese verlogene Welt in ihrem wahren Licht vorführte: Zauberer am Bildschirm zu zeigen, während sie in Wirklichkeit hinter dreizehn hell erleuchteten Fenstern sitzen. Sie kehrten nicht geschwächt und unterlegen, sondern gestärkt und glücklicher zurück; sie hatten das Dorf, die Gemeinschaft, klecksige Blumenbilder, Waldluftwellen und einen Zauberer. Und was hatte die „große" Welt?

Aber diese Gedanken blieben ihnen – noch – verborgen, hatten sich nur in ihrem Innersten eingenistet und warteten dort darauf, endlich in die Wirklichkeit der Dörfler vorgelassen zu werden …

Eine große Gruppe hatte sich auf den Weg zum Haus des Zauberers gemacht, obwohl der Bürgermeister zuerst allein gehen wollte.

„Herr Dorin", begann er herumzustottern, „wir … wir haben ja jedes Jahr so eine Weihnachtsfeier, Sie wissen, für die Kinder und so, und da dachten wir … wir wollten fragen, ob Sie vielleicht, naja, weil ja jetzt so ein berühmter Mann bei uns im Dorf wohnt, da dachten wir, ob Sie nicht vielleicht ein paar von Ihren Zauberkunststücken vorführen könnten."

Die Berühmtheit lachte auf, nicht schadenfroh, wie man über Lächerlichkeiten lacht, eher fröhlich. Unterbrach seine Heiterkeit aber sofort, als er spürte, dass seine Freude die Dörfler verlegen machte. „Ich möchte gern helfen, aber ich fürchte, ich kann nicht."

„Aber, Herr Dorin, Sie werden wohl für die Kleinen ein paar Hasen aus dem Hut holen können oder eine Frau zersägen."

„Verzeihung, aber da muss ein Missverständnis vorliegen. Ich beherrsche keine Zauberkunststücke. Tut mir wirklich leid."

Die Dorfleute wurden unruhig. Was hatte das nun wieder zu bedeuten? Waren sie hintergangen worden? Endlich sagte jemand etwas, die Frau, die bei seiner Ankunft zuerst genickt und ihn dann erkannt hatte, als Mieter vom Hirtensim und als Berühmtheit: „Aber ich hab's doch damals genau gehört, wie jemand im Fernsehen gesagt hat, Sie täten die Leute verzaubern. Dass Sie ein Zauberer wären!"

Wieder lachte er, diesmal nur gleich zurückhaltender: „Naja, Sie haben schon richtig gehört, ich kann mich an das Gespräch erinnern. Aber ich bin für euer Fest trotzdem nicht recht geeignet – ich bin ein, wie soll ich es euch erklären, ein echter Zauberer, wenn ihr versteht, was ich meine."

Nein, das verstand das Dorf nicht. Was ist das für ein Zauberer, der keinen Zauberhut trägt und keine Tricks vorführt? Sie traten alle, wie von einer unsichtbaren Hand gelenkt, einen Schritt zurück – die Sache begann ihnen unheimlich zu werden. Es war weniger die Angst vor Teufelswerk, oder dass der Fremde plötzlich seine Zunge einen Meter herausfahren lassen würde; sie fühlten sich getäuscht und wollten die Nähe, die sie zu ihm gewonnen hatten, zurückgeben, vor seiner Haustür ablegen.

„Ich weiß, es ist schwer, es zu erklären, und es ist schwer, es zu verstehen. Ich arbeite ohne Zauber, ohne Tricks – ich versuche, Dinge dem Alltag, dem Blick der Gewohnheit, dem

Selbstverständlichen zu entreißen, und damit ihre wahre Zauberwelt aufzuzeigen. Ich gebe euch ein Beispiel: Und er bückte sich mit theatralischer Zaubergeste nach einem winzigkleinen Stückchen Papier, das inmitten der Dorfbewohner am Boden lag, hob es in die Höhe und betrachtete es, als wäre es ein wertvoller Diamant, den er eben gefunden hatte. „Auch dieses kleine Stück Papier ist ein Wunder, aber niemand von euch hat es bemerkt!"

Die Dorfleute sahen sich entgeistert an: War er jetzt völlig übergeschnappt? Was sollte das nun wieder!

„Ich könnte mit diesem kleinen, unscheinbaren Papier, Abfall würdet ihr es nennen, die unglaublichsten Zauberkunststücke vollbringen – ich brauche dazu nur eure Vorstellungskraft, und die kann ich aktivieren, indem ich euch die Geschichte dieses Papierchens erzähle. Überlegt doch, wie wenig es brauchte, um es in den Mittelpunkt eures Interesses zu bringen: Ich musste mich nur danach bücken. Also: es beachten. Das war alles. So ein Zauberer bin ich."

Plötzlich sagte eine der Frauen leise: „Ich glaube, jetzt versteh ich Sie langsam. Seit langer Zeit steht am Waldrand eine Sitzbank, die ich von meinem Küchenfenster aus sehe. Ich bin dort noch nie gesessen. Ich bin ja kein Urlauber. Wenn ich was im Wald zu tun hatte, bin ich hingegangen und nach der Arbeit wieder zurück. Wozu hätte ich mich dort hinsetzen sollen. Aber dann habe ich den Herrn Leon dort jeden Tag sitzen gesehen und irgendwohin schauen. Und vor ein paar Tagen bin ich dann auch hingegangen und hab mich hingesetzt und hab auch irgendwohin geschaut. Und zum ersten Mal, seit ich hier lebe, habe ich unser Dorf gesehen, hab es mit einem Mal ganz anders gesehen. Wie es so ruhig und friedlich dagelegen ist, war mir grad so, als wär ich aus meiner eigenen Tür rausgetreten und würde mich von außen betrachten."

„Jetzt, wenn du's schon sagst", fiel plötzlich ein jüngerer Mann ein, „mir ist es genau so ergangen. Seit er da ist …"

– und nickte mit dem Kopf in Leon Dorins Richtung – „seit er da ist, hab ich so ganz komische Gedanken. Meine Frau wundert sich schon, was ich hab, weil ich jetzt immer so auf die Bäume und auf das Land starre und gar nimmer auf die Frauen, wenn's vorübergehen."

Und so wie sie gerade eben noch gemeinsam einen Schritt zurückgetreten waren, um Distanz zu schaffen, so brach es jetzt los: Ein jeder wollte davon erzählen, wie sich sein Leben verändert hatte, seit der Fremde, der jetzt ein Neudörfler war, in das Tal, ins Dorf, in ihre Welt getreten war.

In das aufgeregte Reden hinein sagte der Bürgermeister: „Herr Dorin, wenn Sie nicht für unsere Kinder was zaubern können, könnten Sie nicht für uns, für das Dorf, für Ihre Nachbarn was zaubern? Ich meine, so auf Ihre Art. Wie Sie das vorher erklärt haben, mit der Gewohnheit und so."

Die kurze Ansprache des Bürgermeisters wurde begeistert aufgenommen. „Ja!", riefen die stämmigen Mannsbilder und „Bitte, Herr Dorin", flehten die Damen.

So kam es, dass in den folgenden Monaten an insgesamt siebzehn Tagen jegliche Aktivitäten abgesagt oder verschoben werden mussten, weil im Saal des einzigen Gasthauses im Dorf Leon Dorin an jenen Abenden auf die vollständig versammelte Dorfgemeinschaft traf.

Dieses Buch berichtet davon, was an jenen denkwürdigen siebzehn Tagen geschah, an denen er den Dorfbewohnern von seinem Leben, seinen Auftritten und seinen Zauberkunststücken erzählte.

Am ersten Abend erzählt der Zauberer, wie er das Leben verzaubert ...

Kommt, ich habe hier das Leben für euch, das ich – ohne Zauber, ohne Tricks – allein durch die Kraft der Geschichte verwandeln werde. So wird es euch gelingen, dem Alltag, dem Blick der Gewohnheit, dem Selbstverständlichen zu entfliehen und damit eine wahre Wunderwelt zu erfahren ...

Der Zauberer weiß, dass es in der heutigen Vorstellung nicht einfach werden wird: Die Menschen kommen zu ihm, um unterhalten zu werden und nicht, um vom Tod zu hören.

„Ich weiß“, sagt er, „dass der Tod in eurem Denken keinen Platz hat, weil er als einziges, was wir kennen, unausweichlich und unumstößlich ist. Es gibt keine Hintertreppe für eine Flucht, keine Hoffnung auf eine neue Chance, kein Wort, das einen Aufschub bringen könnte – alles das, womit wir normalerweise unseren Alltag meistern, zählt nicht, wenn es um den Tod geht. Wir hassen ihn, weil er, und nicht wir, im entscheidenden Moment am Ausknopf dreht. Wir verabscheuen ihn, weil er handelt, ohne uns zu fragen. Wir fürchten ihn, weil er möglicherweise bereits in diesem Augenblick hinter uns steht – in dem Augenblick, in dem wir noch lachen, lieben, Pläne für das Morgen schmieden.

Doch wie können wir den Tod verleugnen und gleichzeitig Gott lieben? Wenn wir an die Schöpfung glauben, an eine höhere Macht, die unser Sein bestimmt und führt, ist auch der Tod notwendiger Teil des Ganzen, der, was wir Leben nennen, nur in eine andere Dimension versetzt – wie die Frucht eines gefällten Baumes, die weiterlebt, uns Kraft und Genuss zu schenken, und damit zu Ende führt, was der Baum begonnen hat."

Der Zauberer blickt in sein Publikum, schaut, als würde er etwas suchen. Und scheint es auch schon gefunden zu haben: In der dritten Reihe, siebenter Sitz von links, sitzt ein Kind und sieht den Zauberer mit großen Augen an, weil es kein Wort von dem verstand, was der Mann dort vorne eben gesagt hatte.

„Hast du Lust mir zu helfen?", fragt er freundlich und reicht dem Kind die Hand. Zögerlich blickt das Kind zu seinen Eltern, die neben ihm sitzen, doch als die ihm Mut zunicken, steht es auf und geht mit dem Zauberer nach vorne auf die Bühne.

„Komm, setz dich auf den Tisch. Und keine Angst, du wirst von der kleinen Zauberei nichts spüren!"

Er stellt sich hinter das Kind. Legt seine Arme wie einen Kreis um dessen Körper, ohne es zu berühren. Dann schließt er seine Augen. Wartet. Lange Sekunden. Dann gleitet der Armkreis über das Kind langsam nach oben.

„Wundert euch nicht, wenn sich gleich das Leben dieses Kindes wie ein Film im schnellen Vorlauf vor uns ausbreiten wird und wir damit imstande sind, einen Blick in seine Zukunft zu werfen. Das Kind bleibt im Hier und Jetzt, es erfährt nichts von dem, was ihm geschehen wird, aber wir werden ihm vorauseilen und auf all die Jahre, die es verbrachte, zurückblicken ...

Es war einmal ein Kind. Sagen wir, es ist sieben oder acht Jahre alt.

Auf jeden Fall ist das Kind alt genug, um lesen und schreiben zu können; und es ist alt genug, das Wunder der Farben von Schmetterlingen, das Wunder des Duftes von Rosen und der fantastischen Glattheit von Kieselsteinen wahrnehmen zu können.

Das Kind hatte viele Fragen, aber es gab niemanden, der ihm darauf Antworten hätte geben wollen. Seine Eltern waren zu beschäftigt, seine Geschwister zu alt für soviel dumme Fragen und die Lehrer fanden, dass das Einmaleins und wie die Hauptstadt von Tirol heißt, viel wichtiger wären ...

Das Kind aber hatte von jemandem gehört, von dem es hieß, er wisse alle Antworten auf alle Fragen, weil er selbst die Antwort auf alles sei – und das war Gott.

So kam es, dass das Kind jeden Tag nach der Schule hinauslief, auf die Wiese, unter den Baum, an den Bach, und dem Himmel seine Fragen stellte – dort oben, dachte es, soll Gott ja wohnen.

Aber es blieb immer still. Ja, manchmal sang zufällig ein Vogel, kam gerade ein Wind angerauscht und fuhr raschelnd in Blätter und Zweige, oder es fielen Tropfen aus Wolken – keine Antworten, nur weitere Fragen: Wieso singen Vögel? Woher kommt der Wind? Wie kommt das Wasser in die Wolken?

Als das Kind eines Tages wieder verzweifelt auf eine Antwort von Gott hoffte, wurde ihm mit einem Mal klar, dass Gott ihm so nicht antworten könne. Sollte er mit lauter Stimme vom Himmel rufen?

Ich hab eine Idee, rief es begeistert, ich werde alle meine Fragen in einem Heft notieren und nach jeder Frage eine Seite frei lassen – für die Antworten, die mir Gott still und heimlich, während ich schlafe, geben wird!

Das Heft hatte einen goldfarbenen Einband, der seinen weißen linierten Blättern etwas Feierliches verlieh.

Jeden Tag notierte nun das Kind seine Fragen und es war sich ganz sicher, dass eines Tages – Gott hat ja soviel zu arbeiten, dass er sich nicht sofort darum würde kümmern können – auf jeder der leeren Seiten eine Antwort stehen würde."

Der Zauberer hält die Zukunft und ihre Stimme kurz an. Geht zum Kind, das mit offenen Augen zu schlafen scheint, greift vorsichtig in die Tasche, die es bei sich trägt und zieht etwas hervor: ein Heft mit einem goldfarbenen Einband, und legt es auf den Tisch.

„So ging das viele Jahre. In einer Schachtel unter dem Bett stapelten sich die Hefte mit den goldfarbenen Einbänden. Obwohl das Kind nun schon in einem Alter war, in dem man normalerweise nicht mehr so viele Fragen stellt, und auch bereit ist, Antworten zu geben, war es ihm schon zur Gewohnheit geworden, Tag für Tag fein säuberlich all jene Fragen zu notieren, auf die es selbst keine Antworten wusste.

Im Laufe der Jahre, das Kind war schon zum Teenager geworden, hatten sich die Fragen natürlich verändert, fragten nicht mehr nach den Farben des Schmetterlings, sondern nach den Ursachen für das Unglücklichsein. Fragten nach den Wundern der Liebe und der Gänsehaut bei Berührung.

Längst hatte der junge Mensch sein Elternhaus verlassen, hatte den Partner fürs Leben gefunden und selbst Kinder bekommen. Nun hatte er alles, was er sich als Kind, als Teenager und als Erwachsener erträumt hatte, erreicht. Und doch blieben die Fragen. Fragen, die noch immer Tag für Tag in ein Heft mit goldfarbenem Einband notiert wurden, von denen es schon mehrere hundert gab ...“

An dieser Stelle stoppt der Zauberer mit einer kurzen Bewegung seiner Hände die Zukunft und ihre Erzählung. Er klatscht einmal in die Hände, dann noch einmal, woraufhin plötzlich alles Licht verlischt, und als es nach Sekunden wieder hell wird, können die Gäste es nicht fassen: Auf jedem Schoß liegt ... ein Heft mit goldfarbenem Einband!

„Lasst es für einen Moment noch so liegen“, sagt er, „und hört, was die Zukunft weiter zu berichten hat.

Es kam der Tag, an dem das Kind, zum alten Menschen geworden, mit zittriger Hand und letzter Kraft, wenige Augenblicke, bevor es für immer seine Augen schließen sollte, seine allerletzte Frage in das Heft mit dem goldfarbenen Einband schrieb: Achtzig Jahre habe ich Dir meine Fragen gestellt. Ich habe nie geklagt, habe unermüdlich an Dich geglaubt und Dir vertraut. Nun weiß ich, dass ich bei meiner letzten Frage angelangt bin: Warum? Warum hast Du mir nie geantwortet?

Als der alte Mensch das Heft schon schließen wollte, sah er auf der leeren Seite, die er wie bei jeder seiner Fragen für eine Antwort freigelassen hatte, sah er dort sein ganzes Leben vorüberziehen: alle Menschen, die er jemals getröstet, alle Gedanken und alle Arbeit, die zu einem Ziel geführt, alle Küsse, die er gegeben und empfangen, alle Liebe, alle Wärme, die er verschenkt hatte und …

Und plötzlich erschien mit deutlicher Schrift auf der letzten Seite des Heftes mit dem goldfarbenen Einband: Ich habe jede deiner Fragen beantwortet. Nicht mit Worten, wie du es vielleicht erwartet hattest, sondern mit Taten, die ich durch dich geschehen ließ …"

Der Zauberer hält für einen Moment inne. Atmet tief ein und tief aus. Sagt dann: „Auf eurem Schoß liegt eure Vergangenheit und der Augenblick, den wir Gegenwart nennen. Die Zukunft wartet schon darauf, aufgeschrieben zu werden. Und wenn ihr dereinst eure letzte Frage in das Heft mit dem goldfarbenen Einband schreibt, dann hoffe ich für euch, dass ihr von Gott dieselbe Antwort erhalten werdet wie dieses Kind."

Am zweiten Abend erzählt der Zauberer, wie er das Schicksal verzaubert ...

Kommt, ich habe hier das Schicksal für euch, das ich – ohne Zauber, ohne Tricks – nur allein durch die Kraft der Geschichte verwandeln werde. So wird es euch gelingen, dem Alltag, dem Blick der Gewohnheit, dem Selbstverständlichen zu entfliehen und damit eine wahre Wunderwelt zu erfahren ...

Auf einem kleinen Tisch hat der Zauberer seine Utensilien aufgebaut: Diesmal sind es ein Hut und ein Buch.

„Aus diesem Hut", sagt er, „könnte ich natürlich auch einen Hasen hervorholen, aber ..." – und er holt ein völlig verdattertes Häschen hervor, setzt es auf den Boden, wo es unsicher davonhoppelt – „aber das hätte keinerlei praktischen Wert."

„Vielmehr möchte ich euch fragen: Ist es Zufall oder Schicksal, dass ihr in diesem Augenblick hier seid?"

Einer sagt, der Bürgermeister hätte es ihm erzählt, eine andere wäre mit einer Freundin hier, die nicht alleine kommen wollte. Und ein junger Mann lacht: „Es kostet ja nichts!"

„Also glaubt ihr: Zufall", sagt der Zauberer. „Und meint damit, dass es eben so ist, wie es ist, ohne einen höheren Sinn. Anders, als wenn man es Schicksal nennen würde, denn mit diesem Wort verbinden wir Bedeutung, verbinden wir Achtung vor einer Macht, die wir nicht beschreiben können, außer wir nennen sie Gott."

Der Zauberer tritt langsam, mit dem Hut in seiner Hand, hinter dem Tisch hervor, geht ins Publikum, als würde er dort etwas suchen. Bleibt vor einer Frau stehen, geht weiter, wirft einen kurzen Blick auf den jungen Mann, der da sitzt, weil es gratis ist, und geht weiter, bis er in der dritten Reihe ein Paar, schon etwas älter, entdeckt.

„Darf ich Sie bitten, kurz zu mir nach vorn zu kommen", sagt er und holt die beiden auf die Bühne. „Nehmen Sie beide meinen Hut und halten ihn mit der Öffnung nach unten. Und dann sehen Sie sich an und erinnern sich, wie alles begann!"

In diesem Augenblick beginnt aus dem Deckel des Zylinders Nebel aufzusteigen, zuerst ganz feiner, kaum wahrnehmbarer, als mit einem Mal wie aus einer Düse graue Schwaden hervorströmen, die in kürzester Zeit die gesamte Bühne umhüllt haben ...

„1961. Ein Mann betritt einen Zug – er fährt von Hamburg nach Hannover. Er läuft durch alle Waggons, bis er ein Abteil findet, das noch leer ist. Er zögert kurz, weil auf einem der sechs Sitze eine Zeitung liegt, daliegt, als würde sie den Platz für ihren Besitzer reservieren. Er setzt sich. Die ganze Fahrt bis Lüneburg, dem ersten Halt nach ungefähr 45 Minuten, wirft er immer wieder Blicke auf die Zeitung. Schon muss er über sich lachen, denn mit jedem Blick auf die losen Seiten Papier scheint es ihm, als säße dort ein Kind, das auf seine Eltern wartet. Immer mehr nimmt dieses Kind in seinen Gedanken Gestalt an: Langsam beginnt es traurig zu werden, weil es spürt, weiß, sie werden nicht mehr kommen – zurückgelassen. Weggelegt. Achtlos weggelegt. Als der Zug den Bahnhof Lüneburg verlässt, niemand kommt, ist dem Mann klar: Die Eltern werden nicht mehr wiederkommen, das Kind, das arme, alleingelassene Kind, braucht einen Arm, der es schützt, braucht Geborgenheit, eine neue Heimat.

Der Mann schüttelt den Kopf, so als würde er diese wirren Bilder loswerden wollen, lacht über sich und greift nach der Zeitung.

Es ist eine Zeitung vom Vortag. Die Schlagzeilen und Nachrichten kennt er schon. Sie interessieren ihn auch nicht. Er sucht das Kreuzworträtsel, er liebt Kreuzworträtsel. Kurz nach Bad Bevensen ist es gelöst. Und noch zweieinhalb Stunden bis Hannover. Gedankenverloren durchblättert er also nochmals die Zeitung; Politik, Wirtschaft, Kultur, Sportberichte, Todesanzeigen, Verkaufsanzeigen. Über alles streift für Sekunden sein Blick, nirgendwo macht er Halt. Wieder auf der letzten Seite angelangt, will er die Zeitung in den Abfallkorb werfen, kein Gedanke mehr an das alleingelassene, weggelegte Kind, das es vor rund 45 Minuten für Augenblicke gewesen war."

Der Zauberer hält kurz inne. Das alte Paar steht hypnotisiert im Nebel, es weiß nicht, dass seine Erinnerungen, durch die geheimnisvolle Kraft des Magiers aus dem Inneren hervorgeholt und in den Raum geworfen werden.

„Wir müssen kurz die Zeit anhalten. Nur für einen Augenblick. Weder der Mann noch die Frau noch irgendjemand weiß, was in diesen folgenden drei Sekunden geschehen ist. War es Gott, der mit seinem Finger geschnipst hat? War es ein im Gehirn programmierter Plan, der in Gang gesetzt wurde? Oder war es … nichts. Wenn es nichts war, muss das Nichts sehr bedeutend sein, denn sonst wäre dieses Paar jetzt nicht hier und ich könnte euch diese unglaubliche Geschichte nicht erzählen und ihr würdet sie nicht hören und sie – vielleicht – in ein paar Stunden, wenn ihr wieder in euren Alltag zurückgekehrt seid, weitererzählen. Damit sie wieder jemand hören und sich an etwas erinnern und …

Der Mann hat die Zeitung bereits so zusammengefaltet, dass sie im Schlitz des Abfallkorbes verschwinden kann. Aber plötzlich hält er inne – es sind genau drei Sekunden, die er nicht wahrnimmt, drei Sekunden, in denen für ihn die Zeit stillsteht, in denen etwas Unerklärliches mit ihm geschieht: Er entfaltet die Zeitung noch einmal, ganz ruhig, denkt sich: Na ja, noch mehr als zwei Stunden bis Hannover, ich blättere noch ein bisschen – und beginnt wieder Seite für Seite seinen Blick über die Zeilen schweifen zu lassen. Er ist jetzt auf der vorvorletzten Seite angelangt. Es ist genau die Seite, der er für gewöhnlich nicht einmal eine Sekunde seiner kostbaren Zeit schenkt, es ist die Seite mit den Kontaktanzeigen. Er hält kurz inne und denkt sich, was müssen das für seltsame Menschen sein, die über eine Anzeige ihr Lebensglück finden wollen. Er denkt sich, ich werfe nur einen Blick darauf, um mich über diese Lächerlichkeit der Anbahnung zu ärgern. Mich abzulenken von der öden Landschaft, die draußen am Fenster vorüberzieht. Doch sein flüchtiger Blick verändert sich. Etwas auf dieser Seite lässt ihn nicht mehr los, er ist wie gefangen davon. Ohne es zu wissen, ohne es zu spüren. Er sieht die Spalten, sieht die Zeilen, jedoch ohne den Inhalt der einzelnen Anzeigen wahrzunehmen. Auch wenn er wollte, er könnte sich davon nicht lösen. Draußen zieht Suderburg vorbei. Es sind jetzt noch eine Stunde und 21 Minuten bis nach Hannover."

Wieder unterbricht der Zauberer. Das alte Paar scheint sich in Raum und Zeit aufgelöst zu haben, nur ihre Körper sind noch sichtbar.

„Diesen Moment, den Sie sicher alle schon einmal erlebt haben, wenn man in einem stehenden Zug sitzt und die Welt im Fenster sich plötzlich zu bewegen beginnt und man für einen kurzen Augenblick unsicher ist, wer jetzt fährt – der eigene Zug oder das Bild im Fenster –, diesen Moment erlebt nun der Mann im Zug. Steht er still und rast das Land, das Leben an ihm vorüber, oder ist es umgekehrt? Er denkt natürlich nicht darüber nach, nichts von alledem ist ihm bewusst. Er tut nichts. Er starrt auf eine Seite, die ein Muster, gebildet aus 15.313 Zeichen, zeigt. Bis etwas Unglaubliches passiert. Was ist es diesmal: Gott, das programmierte Gehirn oder wieder das Nichts?

Aus dem Bild mit 15.313 Zeichen löst sich plötzlich etwas heraus. Wie ein Felsbrocken, der nach 7000 Jahren stillem Verharren sich ohne jegliche Vorwarnung in die Tiefe stürzt. Wie ein Vogel, der reglos auf einem Ast sitzt und plötzlich ohne ersichtlichen Grund aufflattert. Wie eine Sternschnuppe, die vom Himmel fällt.

Es ist eine der 49 Anzeigen. 31 Worte, die plötzlich wie ein dreidimensionaler Trailer aus einem ruhigen Hintergrund herausfahren, um sich in das Bewusstsein des Betrachters zu drängen.

Der Mann, der nichts von alledem ahnt, was in diesen 49 Sekunden seit dem letzten Stillstehen der Zeit abgelaufen war, liest die 31 Worte. Liest sie immer wieder. Er liest sie und als wäre es ein Fremdkörper, der irgendwo in die Blutbahn des Körpers eingedrungen ist, schieben sich die Worte langsam, aber unaufhaltsam durch seine Adern. Er beginnt dieses Pochen zu spüren, ein seltsames Pochen, das er sich nicht erklären kann, sicher der Hunger, lässt ihn das Gehirn rasch denken, um eine plausible Erklärung für etwas Unerklärliches herbeizuholen, vielleicht ist es auch die schlechte Luft, denn er spürt immer deutlicher, wie dieses Etwas, das durch seinen Körper wandert, ihm auch die Luft abschnürt, aber es ist ein wohliges Abschnüren, kein beängstigendes. Er kann die 31 Worte schon auswendig, die Zeitung ist ihm aus den Händen geglitten, er bemerkt es nur nicht, weil er die 31 Worte wie ein Mantra in seinem Inneren wiederholt, und jedes Wiederholen wirkt wie eine Beschleunigung in seinen Adern, bis die Worte endlich ihr Ziel erreicht haben, sein Herz erreicht haben.

Die Worte hatten ihr Ziel, sein Herz erreicht", wiederholt der Zauberer. „Und damit ist der erste Akt dieses Spieles beendet. Ein Spiel, das wir kennen: Wir sehen im Fernsehen

Eltern, die von grenzenlosem Schmerz geschüttelt werden, wenn sie vor ihrem toten Kind knien – da jagen ahnende Gefühle durch unsere Adern, bis sie auch unser Herz erreichen und es pochen lassen. Aber wir rennen nicht los, diese Eltern zu finden und sie zu trösten. Der übernächste Bericht über die Verleihung der Oscars hat das schwarze Bild schnell bunt übermalt. Wer solche Momente je erlebt hat, weiß, wie viel Kraft, wie viel an Unaussprechlichem es braucht, den zweiten Akt tatsächlich in Gang zu setzen, bevor der Alltag mit Farbe und Pinsel angerückt kommt, das Alte, Vergangene, ob Gedanken oder Gefühle, zu überpinseln.

Der Mann erwacht. Ein Kugelschreiber und ein Stück Papier, hämmert es in seinem Kopf. Ich brauche einen Kugelschreiber und ein Stück Papier. Er springt auf, durchsucht hektisch seine Taschen, flucht, als er nichts darin findet, reißt seinen Koffer auf, durchwühlt den Inhalt: Verdammt, ich muss doch irgendwo einen Kugelschreiber und ein Blatt Papier ... Wie rasend, als ginge es um sein Leben – und das tut es auch, nur weiß er es nicht –, sucht er, bis er mit einem Aufschrei, weil er sich plötzlich erinnert, seinen Mantel vom Haken reißt und in der Innentasche ... einen Kugelschreiber findet! Papier. Wieder geht das Jagen los, er ist schon völlig verschwitzt, verzweifelt; soll das, was in ihm immer stärker drängt, wie ein Kind, das endlich auf die Welt kommen will, an einem lächerlichen Stück Papier scheitern? Denn – er kann, will es sich nicht erklären, weil es jenseits jedes logischen Denkens liegt – ES KANN NICHT WARTEN. Kann unmöglich die eine Stunde und 14 Minuten noch warten, bis er im Bahnhof Hannover ruhig und gelassen aussteigen, zum Zeitungskiosk schlendern und dort nach einem Briefbogen fragen könnte. Ein unerträglicher Gedanke, der es nicht einmal zu einem echten Gedanken schafft.

Plötzlich stößt er einen Freudenschrei aus, ein unbeschreibliches Glücksgefühl durchdringt ihn, ja, so wenig braucht es für Glück: Auf dem Fensterbrett entdeckt er seinen Fahrschein, den er dort nach der Kontrolle hingelegt hatte. Er reißt ihn an sich, wendet ihn – zum Glück: Die Rückseite ist leer.

Nun völlig ruhig geworden, gefasst, sich mit einem Mal völlig bewusst, dass dies der Augenblick ist, in dem der Vorhang sich öffnen wird für den zweiten Akt des Spieles, setzt er sich hin, nimmt die Zeitung als Unterlage und schreibt: Hochverehrtes Fräulein. Ich habe soeben Ihre Anzeige im Hamburger Abendblatt gelesen und fragen Sie mich nicht, warum, fragen Sie mich nicht, wie es geschehen konnte, aber ich weiß, ja, ich ahne es nicht, ich glaube es nicht, ich spüre es nicht, ich WEISS es, dass Sie, hochverehrtes Fräulein, die Frau meines Lebens sind, die, von der ich immer schon geträumt habe, immer schon ahnte, glaubte, spürte, dass es sie gibt und sie eines Tages vor mir stehen wird. Natürlich werden Sie mich für völlig verrückt halten, Sie werden auf einen solchen Brief nicht antworten wollen, werden es aber trotzdem tun, weil ich es doch so sicher weiß, wenn ich Sie frage, ob Sie meine Frau werden wollen.

Er schreibt noch seinen Namen, seine Adresse auf den Fahrschein", sagt der Zauberer, „und dann sitzt er die restliche Stunde bis Hannover bewegungslos, aber mit einem Lächeln im Gesicht, auf seinem Platz – hätte ihn jemand gesehen, man hätte gemeint, der Mann sei tot.

Endlich in Hannover angekommen, steigt er ruhig und gelassen aus dem Zug, schlendert zum Zeitungskiosk und fragt nach einem Kuvert und einer Briefmarke. Setzt sich auf eine der Bänke, küsst den Fahrschein mit der Nachricht, lässt ihn im Kuvert verschwinden, setzt die Adresse des Hamburger Abendblattes und die Chiffre darauf, geht zu dem Postkasten, der auf dem Perron hängt, und wirft – mit ein paar Sekunden Verzögerung, bevor der Brief im Inneren des Kastens verschwindet, Sekunden, in denen die letzten zwei Stunden und die Zukunft, die sichere Zukunft, wie im Schnelldurchlauf vorüberziehen – wirft den Brief hinein."

Der Zauberer fährt mit der Hand über den Zylinder und stoppt den Nebel, der seit dem Beginn seiner Geschichte unaufhörlich aus dem Hut aufgestiegen war. Noch ist das alte Paar, das in völliger Stille und Bewegungslosigkeit verharrt, in das schwebende Weiß gehüllt.

„Wie die Geschichte weiterging, ist schnell erzählt – so schnell, wie die Nebelschwaden brauchen, sich zu verziehen, um den Blick auf die Wirklichkeit wieder klar und rein werden zu lassen.

Sieben Tage später wird der Brief in Berlin zugestellt. Im bereits geteilten Berlin. In jener Hälfte, die genau zwei Tage später hinter einer Mauer im Osten der Stadt für die nächsten 28 Jahre verschwinden wird.

Die Frau erhält an diesem Tag 17 Briefe. Allesamt Antworten auf ihre Anzeige im Hamburger Abendblatt, die sie vor ein paar Wochen bei einer Tombola gewonnen hatte. Was für ein dummer Preis, hatte sie sich gedacht, als sie das Billett in den Händen hielt. Eine Anzeige zu gewinnen! Aus Jux, aus Langeweile, oder wer weiß, aus welchem Grund – war damals in Berlin ein göttliches Fingerschnipsen zu hören gewesen, wurde lautlos ein Plan in Gang gesetzt, oder passierte einfach NICHTS? – hatte sie sich für eine Kontaktanzeige entschieden, denn zu verkaufen hatte sie nichts.

Sie öffnet die 17 Briefe. Die ersten zwölf landen, so wie die bisher eingetroffenen 34, sofort im Mistkorb. Dann nimmt sie den 13. Brief, will ihn schon öffnen, legt ihn aber, ohne zu wissen, warum, zur Seite und wendet sich den Nummern 14 bis 17 zu. Auch die landen im Papierkorb. Sie sieht den Brief an, der mit einem Stempel aus Hannover versehen ist, zögert noch eine Sekunde, natürlich ohne zu wissen, warum, dann nimmt sie ihn in ihre Hände und –

wieder vergehen ein paar Augenblicke – öffnet ihn. Liest ihn. Spürt, wie plötzlich ein Fremdkörper, der irgendwo in die Blutbahn des Körpers eingedrungen war, sich langsam, aber unaufhaltsam durch ihre Adern schiebt. Sie beginnt dieses Pochen bewusst zu spüren, ein seltsames Pochen, das sie sich nicht erklären kann, sicher der Hunger, lässt sie das Gehirn rasch denken, um eine plausible Erklärung für etwas Unerklärliches herbeizuholen, vielleicht ist es auch die schlechte Luft, denn sie spürt immer deutlicher, wie dieses Etwas, das durch ihren Körper wandert, ihr auch die Luft abschnürt, aber es ist ein wohliges Abschnüren, kein beängstigendes. Sie liest immer wieder diese 117 Worte, die sie schon auswendig kennt, der Brief ist ihr aus den Händen geglitten, sie bemerkt es nur nicht, weil sie die 117 Worte wie ein Mantra in ihrem Inneren wiederholt, und jedes Wiederholen wirkt wie eine Beschleunigung in ihren Adern, bis die Worte endlich ihr Ziel erreicht haben, ihr Herz erreicht haben."

Der Zauberer beschleunigt sein Erzählen, denn nur noch wenig Nebel flimmert um den alten Mann und seine Frau. „Die Frau hatte genau 42 Stunden Zeit sich zu entscheiden – sie wusste es nur nicht. 42 Stunden nachdem die Worte des Briefes ihr Herz erreicht hatten, gab die Regierung der DDR den Befehl zum Bau der Mauer. Hätte sie gezögert, wäre das Herz gefangen gewesen. Aber die Frau benötigt nur 21 Stunden sich zu entscheiden. Sie sendet ein Telegramm mit ihrer Ankunftszeit. Schreibt: Du wirst mich an einer blauen Blume erkennen.

Am nächsten Tag um 9.25 Uhr betritt sie in Berlin Bahnhof Zoo den Korridorzug nach Hamburg. Mit ein paar anderen sitzt sie in einem offenen Abteil. Knapp vor der noch für wenige Stunden offenen Grenze kontrollieren Grenzsoldaten die Fahrgäste. Ein Soldat bleibt vor der Frau stehen, sieht sie lange an, spürt etwas, von dem er nicht weiß, was es ist, wird es auch weder erinnern noch jemals wieder erleben – und geht weiter.

Die Frau erreicht Hamburg Hauptbahnhof. Sie steigt aus dem Zug und sieht sich um. In ihrer Hand zittert eine blaue Blume.

Ein Mann tritt auf sie zu, sie sehen sich an – weder er noch sie werden mehr sagen können, wie viele Augenblicke lang es war – und umarmen sich. Geben sich den ersten Kuss. Werden vier Tage später getraut sein. Werden fünf Kinder haben und 16 Enkelkinder. Und werden in 21 Tagen 50 Jahre verheiratet sein …"

Mit dem letzten Wort des Zauberers ist der allerletzte Nebelstreifen verschwunden. Mit seiner offenen rechten Hand fährt er einen Halbkreis über die beiden alten Menschen, die augenblicklich erwachen, sich ansehen und lächeln. „Was ist geschehen?", fragen sie. „Haben wir irgendeinen Zauber, ein Wunder versäumt?"

„Nein", antwortet der Zauberer, „ihr habt uns nur ein Liebesmärchen erzählt …"

Am dritten Abend erzählt der Zauberer, wie er Mauern ver-zaubert ...

Kommt, ich habe hier Mauern für euch, die ich – ohne Zauber, ohne Tricks – allein durch die Kraft der Geschichte verwandeln werde. So wird es euch gelingen, dem Alltag, dem Blick der Gewohnheit, dem Selbstverständlichen zu entfliehen und damit eine wahre Wunderwelt zu erfahren ...

„Ich bin heute Abend", so beginnt der Zauberer, „ohne meinen Koffer, ohne meinen Tisch, ohne Zauberstab und Zauberhut zu euch gekommen. Denn die wahre Illusion besteht darin, in allem, was uns umgibt, den Zauber, das Wunder zu entdecken, das ihm innewohnt – egal ob es ein Mensch oder ein scheinbar lebloses Ding ist."

Der Zauberer fordert die Menschen auf, sich von ihren Stühlen zu erheben und ihm zu folgen: „Wir werden dieses Haus, in dem wir uns befinden, in wenigen Augenblicken wachküssen, werden seine Steine sprechen, seine Erlebnisse sichtbar und damit lebendig werden lassen."
Sie wandern im Gasthaus von einem Raum zum anderen, eine erregte Spannung ist zu spüren, weil niemand weiß, keiner ahnt, was der Zauberer mit seinen Worten meint.

Nun sind sie in einem fast leeren Zimmer angekommen. Der Zauberer stellt sich in die Mitte des Raumes und sein Körper und seine linke Hand fahren langsam einen Halbkreis über die Köpfe der Anwesenden. Und während er sich dreht, sagt er: „Ich spüre den Geruch einer Küche und ich sehe die Mädchen des Dorfes, die hier kochen lernen."

„Ja, das stimmt, daran kann ich mich erinnern", sagt plötzlich einer der Gäste, eine alte Frau. „Das muss mindestens 70 Jahre her sein. Ich war eines der Mädchen. Dort ..." – und sie zeigt in eine Ecke – „... dort muss der Platz gewesen sein, an dem ich saß." Sie lacht und der Zauberer und die anderen hören zu, wie sie erzählt von damals, bis sie plötzlich einen kurzen Schrei ausstößt und die Hände vor dem Mund zusammenschlägt und stammelt: „Dort!" und auf die Wand zeigt. Die anderen schauen, aber können nichts Besonderes erkennen. „Der Nagel! Seht ihr den Nagel nicht!" Sie haben ihn gesehen, aber nicht wahrgenommen, haben ein Tier, ein Stück Gold, eine noch von niemandem entdeckte Inschrift erwartet. Nun aber sehen sie ihn: einen großen, alten, handgeschmiedeten Nagel, wie sie heute nicht mehr in Verwendung sind.

„Es ist wahrhaftig derselbe Nagel", sagt die Frau leise, dass man Mühe hat, sie zu verstehen, „wie ist das möglich? Nach 71 Jahren.

Ich war in der zweiten Klasse Volksschule. Wir hatten hier herinnen Unterricht im Kochen. Mitten in der Stunde wird plötzlich die Tür aufgerissen und herein kommt ein Mann in einer Uniform, ich kannte ihn, er war aus dem Nachbardorf. Er geht nach vorne, schiebt die verdutzte Lehrerin zur Seite und sagt, ab heute würde alles anders werden. Und sagt, ab heute dürfe man sich nicht mehr die Hand geben beim Grüßen, sondern – und er macht es vor – ab heute gehe das so. Auch heiße es nicht mehr Grüß Gott, sondern – und er sagt es vor, aber keiner versteht irgendetwas, eines der Mädchen lacht, und da geht der Mann in der Uniform zu ihr hin und gibt ihr eine Ohrfeige, dass es sie umhaut. Da wissen wir alle, dass ab heute wirklich etwas anders sein wird. Er redet noch ein paar Minuten von diesem Mann, dem wir ab sofort zu gehorchen hätten, und dann ... dann macht er eine Handbewegung zur Tür, wo ein Gehilfe von ihm steht, und der bringt ihm einen Ham-

mer und einen großen Nagel, die waren damals alle hand-
geschmiedet. Er dreht sich um zu der Stelle hinter dem
Katheder, wo an einem kleinen, schwächlichen Nagel ein
Bild des Papstes, es war Pius XI., hing. Er reißt das Bild
samt dem Nagel von der Wand und schleudert es zu Boden.
Wir machen alle einen Satz zurück, das war für uns etwas
Heiliges, keines der Kinder konnte verstehen, was da vor
sich geht. Und dann nimmt er diesen Nagel, der uns jetzt
mit einem Mal groß wie ein Baumstamm erscheint, und
schlägt ihn mit dem Hammer in die Wand. Jeder Hammer-
schlag lässt uns zusammenzucken, es ist so, als würd er uns
treffen. Es sind nur zwei, vielleicht drei Schläge, aber die
sollten unser ganzes Leben verändern – was wir Kinder
damals natürlich nicht wussten, aber spürten. Mit seinem
Zeigefinger prüft er die Festigkeit des Nagels, dann dreht
er sich wieder zu seinem Gehilfen, schnipst mit dem Finger, und der kommt und bringt ein Bild. Es ist das Bild jenes
Mannes, dessen Namen wir noch nie gehört hatten, und er
hängt es an den Nagel. Tritt einen Schritt zurück, macht die
Handbewegung, die wir vorher noch nie gesehen, schreit
den Gruß, den wir von diesem Tag an zum Grüßen zu ver-
wenden hatten, und verschwindet.

Die ganze Klasse, 34 Mädchen und die Lehrerin, sind
erstarrt. Keine sagt ein Wort und wir alle tun dasselbe: Wir
starren auf den Nagel, nicht auf das Bild, nicht auf die Scher-
ben und den am Boden liegenden Papst, wir starren auf den
Nagel, der in einem Ziegel des Hauses, aber eigentlich in
unserem Herzen steckt."

Als hätte sich der ganze Raum, seine Wände und Fenster, sein Boden und seine Mauervorsprünge aufgelöst, ist
nur noch dieser Nagel existent, der, als wäre eine perfekte
Regie am Werk, wie in gleißendes Scheinwerferlicht gesetzt
ist.

Nur langsam verblassen die Bilder, die der Zauberer aus der Erinnerung der alten Frau hervorgeholt hatte, nur mühsam schafft er es, die Menschen in Gang zu setzen, um weitere Geschichten des Hauses aufzuspüren.

Und sie wandern weiter von einem Raum zum anderen, nun in völlig anderer Erwartung, weil sie jetzt wissen, was der Zauberer meinte, als er sagte, er würde die Mauern lebendig werden lassen. Damit hat sich auch ihr Blick verändert, schon wird jedes Stück, das ihnen begegnet, bedeutungsschwer, schon sucht eines jeden Fantasie nach Spuren, selbst ein am Flurboden verlorener, oder dort achtlos hingeworfener Türknauf wird zum Mittelpunkt einer rätselhaften Abenteuergeschichte.

Im nächsten Zimmer angekommen, versammelt der Zauberer seine Gäste vor einem Bücherschrank. Als alle ihren Platz gefunden haben, schließt er seine Augen, um sich zu konzentrieren, und ohne eine Bewegung der Lippen wahrzunehmen, hört man seine Stimme sagen: „Wenn es in diesem Raum etwas gibt, das uns etwas über diese Mauern erzählen will, möge es jetzt und hier vor uns erscheinen!"

Das klingt schon eher nach einer netten Zaubershow, oder einer übersinnlichen Sitzung, denken sich so manche der Anwesenden und warten gespannt darauf, was auf diese geisterhafte Einladung hin nun geschehen wird.

Ein entsetztes Atmen, ein Luftanhalten, als sich von alleine, ohne jegliche Berührung, die Tür eines Bücherkastens – ganz theatralisch mit etwas Gequietsche – öffnet und mit einem Mal ein Buch, ein schlanker Band, zeitlupig durch die Luft schwebt, und schließlich in der Mitte des Raumes, nahe am Zauberer, zu stehen kommt. Es öffnet sich, und die Seiten werden unsichtbar von Zauberhand eine nach der anderen umgeblättert, bis es stillsteht.

Der Zauberer, noch immer mit geschlossenen Augen, vielleicht zwei, drei Armlängen von dem in der Luft schwebenden Buch entfernt, beginnt zu sprechen, als würde er von den Seiten ablesen.

„Ein Schriftsteller, der in diesem Haus lebte, arbeitete an einem Buch über eine Expedition im 19. Jahrhundert. Wochenlang hatte er alle Berichte, Aufzeichnungen, Tagebücher über diese einzigartige Reise studiert, tausende Seiten gelesen über die unglaublichen Abenteuer der Entdecker. Sein Ziel war es, einzudringen in die innerste Gefühlswelt der 26 Männer, zu erfahren, was sie bewegt hat während der 21 Monate, die sie im Eis eingeschlossen waren. Mit Hilfe seiner Kunst, das Unaussprechliche, Unsichtbare, Unerklärliche sichtbar und für seine Leser nachvollziehbar zu machen, war er aber auch noch etwas anderem auf der Spur: Alles, was mit der Expedition zu tun hatte, war ein in sich abgeschlossener Kosmos, der sich eine eigene Zeit- und Raumdimension erschaffen hatte. Umgeben jedoch vom gewöhnlichen Leben, das, unbeirrt von allem, weiterlief. Kinder wurden geboren und Männer beim Holzfällen erschlagen, um acht Uhr betrat der Lehrer das Klassenzimmer und in den Nächten wurde geliebt. Der Schriftsteller wollte ein Bild des Ganzen und nicht nur einzelner Teile davon. Er wollte mit seinem Beitrag aufzeigen, wie Schicksale und Handlungen, Gedanken und Gefühle miteinander verbunden und verwoben sind.

An irgendeinem der vielen Nachmittage, an denen er über den Schriften brütete und sich Aufzeichnungen machte, entdeckte er eine Notiz. Wie beiläufig lungerte sie in einem Nebensatz, war wahrscheinlich noch nie zuvor bewusst wahrgenommen worden, war von ihrem Schreiber nur der Ordnung halber dorthin gesetzt worden. Er las: 1872 ist die Begeisterung für die Expedition in der Bevölkerung derart entflammt, dass in kürzester Zeit die Mittel durch private Mäzene, Institutionen, Banken, Schulsammlungen, Bürgerkomitees, Unternehmen ... Seine Augen lasen weiter, die Worte wurden allesamt brav im Gehirn abgeliefert, aber scine Intuition, sein Gefühl hatte längst innegehalten und war beim Wort ‚Schulsammlungen' hängengeblieben. Sollte dieses simple Wort die Verbindung zu ihm, dem Schriftsteller, sein, der 120 Jahre später in den Erinnerungen der damaligen Menschen kramte? Denn die Mauern, die ihn umgaben und seit einigen Jahren nun seine waren, beherbergten vor 120 Jahren … eine Schule. Der Gedanke elektrisiert ihn, der Gedanke lässt ihn nicht mehr los. Er durchsucht die ganze Bibliothek nach Aufzeichnungen aus dieser Zeit, findet nichts. Als er die Hoffnung schon aufgeben will, erinnert er sich plötzlich an einen großen Pappkarton, den er bei der Übernahme des Hauses in einem Winkel des Dachbodens gefunden hatte. Darin aufbewahrt waren Papiere, Mappen, alte Rechnungen der Klosterschwestern, die hier über 100 Jahre das Haus als Schule geführt hatten. Er hatte damals den Karton schon entsorgen wollen, aber irgendetwas hatte ihn zurückgehalten. Er hastet auf den Dachboden, schleppt die Kiste, die noch genau so dort steht, wie er sie gefunden hatte, in sein Arbeitszimmer und macht sich auf die Suche. Ganz zu unterst taucht plötzlich ein dickes Heft auf und auf dem Deckel steht in fein geschwungener Schrift geschrieben: Schulchronik des Jahres 1872. Mit vor Aufregung bebenden Fingern und schwerem Atem blättert der Schriftsteller Seite für Seite durch, liest von Unglücken und Festen, von Besuchen hoher Herrschaften und von zehn Kilogramm gespendeter Kartoffeln. Liest von meterdickem Schnee und vom Sturm gefällten Bäumen. Bis endlich auf Seite 113 der Satz auftaucht, den er so sehnsüchtig herbeigewünscht hatte. Dort steht, versteckt zwischen beiläufigen Sätzen, zwischen Berichten über den Schulalltag und der Aufzählung von Kosten: Sammlung für die österreichisch-ungarische Nordpolexpedition erbringt 48 Kreuzer …"

Das geöffnete, in Bewegungslosigkeit verharrende Buch klappt zusammen und schwebt, genauso langsam wie es gekommen war, zurück zu seinem Kasten, reiht sich wieder, Buchrücken an Buchrücken, als wäre nichts gewesen, zu den anderen, die Tür des Kastens schließt sich – natürlich mit etwas Gequietsche – und der Zauberer öffnet seine Augen und erwacht aus seiner Trance.

„Ihr habt es gehört", sagt er, „selbst was leblos und unbeseelt erscheint, wie die Mauern eines Hauses, tragen etwas vom Leben in sich, haben gespeichert, was weder messbar noch begreifbar und doch wirklich ist."

Dann setzt er sich wieder in Bewegung, wandert weiter mit den Menschen durch die Gänge, als hätte er schon ein neues Ziel – nur er weiß, er hat keines. Er hat nichts vorbereitet zur Erbauung, für die Sensationslust seiner Gäste, er bewegt sich zwischen den Wänden, auf den Dielen, unter den Decken, vorbei an den Fenstern, als wären es menschliche Wesen, denen er Respekt zollt, die er achtet, von denen er nichts verlangt, nur still hofft, dass sie ihm etwas von sich, eine weitere Geschichte schenken.

Sie sind in einem Stiegenhaus angekommen, in dem eine breite hölzerne Treppe geschwungen nach oben führt. Gerade als er den Fuß auf die erste Stufe setzen will, hört er etwas, hört es einen Augenblick früher als die anderen und kann noch schreien: VORSICHT. Dann kracht ein schweres Brett von oben herab direkt vor die Füße der zu Tode erschrockenen Besucher.

Schon beschweren sich die ersten, sie einer solchen Gefahr auszusetzen, überschreite wohl die Grenzen, Zauberkunst hin oder her, als der Zauberer sich plötzlich vor das Holz kniet und sagt: „Das Haus will uns noch etwas erzählen. Was es wohl ist?"

Die Gäste haben sich wieder beruhigt und nun wird das Brett von allen betrachtet, doch nichts Außergewöhnliches ist daran zu entdecken.

Da streift der Zauberer über das Holz, eine Geste der Ehrfurcht, und plötzlich scheint es, als würde von der Unterseite ein helles Licht erstrahlen. Er wendet das Brett und auf der Rückseite erkennt man, woher das Strahlen kommt: Dort steht etwas geschrieben, in alter Schrift, Kurrent, und leuchtet. Es leuchtet wohl, um der einfachen Tat, den einfach gezogenen Linien, seinem so rührend einfachen Inhalt Glanz zu verleihen: Franz Perner, Zimmermann, hat am 17. Juli des Jahres 1852 dieses Brett als letztes Stück in die Treppe gesetzt.

„Warum", fragt der Zauberer, „hat Franz Perner das auf das Holz geschrieben? Auf ein simples Stück Holz, das nicht ihm gehörte, zu dem er keinerlei Beziehung hatte, ja, dem er wahrscheinlich genauso wenig Beachtung schenkte, wie den hunderten, tausenden Brettern, die er in seinem Leben schon irgendwo festgenagelt hat. Ich nehme an, Franz Perner war kein Philosoph, aber er muss in diesem Augenblick, als er sich die Zeit nahm, diese wenigen Worte auf das Holz zu schreiben, geahnt haben, dass seine Gegenwart in der Zukunft etwas von der Vergangenheit erzählt. Und vielleicht ist, während er den Satz schrieb, in seinem Inneren ein fernes Strahlen spürbar geworden, dieser Augenblick einer fernen Zukunft, 157 Jahre später, wenn seine Ururenkelkinder geboren werden, wenn wir diese seine Botschaft entdecken ..."

**Am vierten Abend erzählt der Zauberer, wie er Musik ver-
zaubert ...**

Kommt, ich habe hier Musik für euch, die ich – ohne Zauber, ohne Tricks – allein durch die Kraft der Geschichte
verwandeln werde. So wird es euch gelingen, dem Alltag,
dem Blick der Gewohnheit, dem Selbstverständlichen
zu entfliehen und damit eine wahre Wunderwelt zu erfahren ...

Zwei Helfer schleppen eine alte, augenscheinlich schwere,
reich verzierte Truhe in die Mitte der Bühne und heben
sie auf ein Podest.

Der Zauberer erscheint und beginnt: „Hochverehrtes
Publikum. Wie wunderbar ist doch die Zauberkunst, denn,
anders als beim Theater oder Konzert, wo alles vorbestimmt
ist, gefangen in der Sprache oder den Noten, weiß ich nie,
was sich ereignen wird, wenn ich die Bühne betrete, denn
nicht ich bin es, der Dinge erscheinen, lebendig werden
lässt, sondern es sind die Dinge selbst, die Sehnsucht nach
dem Hier und Jetzt, nach dem Leben haben, und sei es nur
für die wenigen Augenblicke der Illusion.

Ich weiß nur, dass sich hier in dieser alten Kiste alle
Bestandteile für ein wunderschönes Märchen verbergen,
das wir gleich erzählen werden."

Der Zauberer tritt neben das Podest und öffnet die Truhe.
Mit einer theatralischen Geste fährt er über die geöffnete
Truhe und lässt langsam etwas aus dem Inneren schwe-
ben, das wie ein dreidimensionales Bühnenbild aussieht.

„Die Bühne für das Märchen ist – natürlich – ein Königreich."

In einem Rhythmus, als würde er in der Kiste verborgene Arbeiter dirigieren, die ein Bild nach dem anderen aus der Truhe schleudern, fährt er fort.

„Für das Königreich brauchen wir Städte, Dörfer, ein paar prunkvolle Schlösser und dazwischen prachtvolle Landstriche."

Die Bewegungen des Zauberers werden nun jenen eines Dirigenten immer ähnlicher: immer schneller, heftiger dirigiert er.

„In diese Kulisse setzen wir nun all die Figuren, die ein Märchen unbedingt benötigt. Zunächst die Helden: gekleidet in Ruhm und Ehre, in Macht und Mut. Edel und tapfer, weise und gerecht.

Natürlich dürfen wir Damen aus besten Häusern, einflussreiche Kardinäle und zwei, drei Minister nicht vergessen.

Beamte, Diener, Bauern, Volk setzen wir als Statisten ein. Das war schon damals so."

Die Arbeit scheint beendet, denn sichtlich zufrieden schließt der Zauberer den Deckel der Truhe, stellt sich vor das Bild und betrachtet es. Nimmt noch ein prachtvolles Schloss in seine Hand und setzt es ein, verteilt Figuren, schiebt sie hin und her, bis alles am richtigen Platz zu sein scheint. Er tritt einen Schritt zurück, wirft einen letzten Blick darauf. Dann holt der Zauberer tief Luft, so tief, als würde er Stunden am Grund des Meeres verbringen wollen, und haucht der Szenerie Leben ein.

„Ein Atemhauch, und mit dem Zeitmaßband durchmessen wir die Geschichte. Werfen Glück und Unglück, Heldentod und Niedertracht, Geburt und Tod über die Figuren. Erschaffen Taten, die für immer und ewig in Erinnerung bleiben, und Augenblicke, die zu unbedeutenden Fußnoten verkommen werden. Ein einziger Atemhauch, der Helden und Statisten, ungeachtet ihres Standes, gemeinsam einen Weg gehen lässt, den man ‚Leben' nennt. Ein Weg, von dem wir meinen, er sei von uns selbst erwählt, und doch nichts anderes ist – wie ihr seht – als ein Spiel des Märchens."

Der Zauberer hält plötzlich inne – denn wie aus weiter Ferne schweben mit einem Mal wundersame Klänge durch den Raum. Unendliche Augenblicke lang scheinen sie alles und jeden zu durchdringen. Es sind jedoch nur ein paar Minuten, aber die genügen scheinbar allen, die sie hören, um einen völlig neuen Plan für ein Märchen zu entwerfen.

„Wie dumm von mir", sagt der Zauberer lächelnd, sein Publikum wie um Verzeihung bittend, „dass ich meinte, dieses Märchen aus den Bruchstücken der Vergangenheit zusammensetzen zu können. Wir sollten die Geschichte hören, als sie Gegenwart war, also bevor sie zu einem Märchen unserer Bücher wurde."

Der Zauberer lässt mit einer einzigen Bewegung seiner rechten Hand den reich gedeckten Märchentisch verschwinden, und mit einer zweiten ist er im nächsten Augenblick mit allen Gästen im Saal an dem Ort und bei dem Menschen, der allein durch die Kraft seiner Musik es schaffen wird, eine Geschichte herbeizuzaubern ...

„Ich hatte gerade aus meiner alten Kiste ein Märchen hervorgeholt", beginnt der Zauberer, „als uns diese Musik erreichte, die etwas Neues, nie zuvor Gehörtes in uns zum Schwingen brachte. Sie schenkte uns Bilder, die klar und rein waren, losgelöst von unserem irdischen Denken. Es gab während dieser Klänge keine Zeit und keinen Raum, nichts, was uns hätte gefangen nehmen können. Nicht ein einziges Wort war notwendig, ihre Geschichte zu verstehen. Allein hervorgeholt durch die Intuition, dem letzten feinen Faden, der uns mit dem Göttlichen verbindet."

Unsichtbar stehen der Zauberer und seine Gäste in einem Saal eines Schlosses. Und lesen die Gedanken des Komponisten, der dort versunken an seinem Piano sitzt:

„Ja, wie zugleich unsagbar glücklich und erbarmungslos einsam bin ich doch. Die Musik ist wie ein Bote Gottes, den er vom Himmel auf die Erde sendet. Und ich bin der blinde Fänger, der nur erahnen, allein mit meinem Herzauge erhören kann, wo und wie ich sie zu fassen kriege. Und habe ich sie dann, die Klänge, die Musik, muss ich sie in Töne, in Schrift und auf Papier und damit in die Wirklichkeit pressen, denn ich will sie ja nicht allein für mich besitzen. Jeder Ton ist ein Geschenk, das nicht an mich gerichtet ist, sondern in meine Hand gelegt wird, um es mit den Menschen zu teilen."

Während der Komponist mit den Götterboten ringt, ihnen ihre himmlische Musik zu entreißen, spürt er plötzlich etwas gänzlich anderes, etwas, das er noch nie zuvor erlebt hat, das er auch nicht begreifen kann.

Zuerst will der Komponist es noch verscheuchen, wie einen ungebetenen Gast, der die Musik, seine Musik verdrängt, doch scheint diese Macht stärker, lässt nicht locker.

Es ist der Zauberer, der den Komponisten unhörbar, unspürbar bittet, doch seine Geschichte zu erzählen …

„Musik kennt weder ein Gestern noch ein Morgen, sie ist völlig losgelöst von der Dimension der Zeit, ja sie ist ein kleines, sichtbares Stück der Unendlichkeit. Musik ist, einen Hauch des Unaussprechlichen zu spüren, das wir Leben nennen. Damit dringt sie vor an einen Ort in uns, der nur dem Ich, nur uns selbst vorbehalten bleibt.

Ich muss das ungreifbare Klingen in meinem Herzauge in Töne, dann in Noten verwandeln, muss sie zusammenfügen und letztlich zu einem Gesamtwerk komponieren. Mir ist es aufgetragen, einen Plan zu erfüllen: Ziel meiner Arbeit ist es, die Seele der Menschen zu erfreuen und ihre Wirklichkeit erträglicher zu machen.

Und um diesen süßen Hauch des Alltags erspüren zu können, durch Musik und Kunst und Zeit zum Träumen, bedarf es zuallererst eines anderen Planes; ich meine den Plan des Irdischen, der Frucht, des Wassers und der harten Arbeit."

„Erzähl uns von einem solchen Plan", spricht der Zauberer nahezu unhörbar zum Komponisten und lehnt sich zu ihm an das Piano, „einen Plan, auf dem nicht nur das Heute aufgezeichnet ist, der nicht nur für ein Menschenleben seine Gültigkeit besitzt, sondern der zeitlos ist und ein Zeitmaßband lächerlich erscheinen lässt!"

Für Augenblicke lässt der Komponist die Boten der Götter unbeachtet und blickt durch die Fenster in die Ferne. „Eine Musik zu erschaffen, in der nicht nur das Heute aufgezeichnet ist, die nicht nur für ein Menschenleben Gültigkeit besitzt, eine Musik, die es vermag, ewig gültige Gesetze in kindlich reine Schönheit zu verzaubern, Musik, die kleinmütiges Menschendenken außer Kraft setzt, ja, eine solche Musik zu erschaffen, ist das höchste Ziel des Komponisten.

Klänge, Töne, für die ich auserkoren bin, sie wahrzunehmen, sie zu hören, blieben aber nichts als Klänge und Töne, wenn es nicht das Wunder des Zusammenklanges gäbe. Was für sich allein schon großartig erscheint, wird – als höchstes Ziel – zu einem großen Ganzen zusammengeführt: der Symphonie!"

„Ist die Symphonie nicht wie ein Blick in eine Zukunft", sagt der Zauberer zu seinen Gästen, die alle um das Piano herum stehen und den Worten des Komponisten lauschen, „die weit über die eigene Vorstellungskraft hinausgeht? Denn sie ist nichts anderes als Spiegelbild eines Zusammenklanges, der wohl der vollkommenste von allen ist. Ein Werk, das nicht einem menschlichen Genie entsprungen ist, sondern ein Werk, das mit nur einem Augenschlag des Schöpfers erschaffen wurde: die Symphonie der Natur! Sie ist ein einziges, großes Wunder, das immer wieder unfassbares Staunen hervorruft und dem unvergleichliche Belohnung bringt, der bereit ist, ihrem Klang zu lauschen – obwohl es kaum Schwierigeres gibt, als Natur und Mensch in Zusammenklang zu bringen ...“

„Wenn die Symphonie in meinem Ohr erklungen, zu Papier gebracht ist“, fährt der Komponist fort, steht auf und beginnt im Saal auf und ab zu wandern, „ist es an der Zeit, sie an den Dirigenten zu übergeben. Er muss die Einzelteile, die jeder für sich Großes leisten, in ein höheres System einordnen, denn nur dann kann das Werk in Harmonie erklingen. Gäbe es den Dirigenten nicht, würden die Instrumente in einem steten Wettstreit darüber liegen, wer im Mittelpunkt des Hörens stehen soll.

In seine Hände lege ich das Geschenk des Himmels, das ich in eine strenge Form gegossen habe, und hoffe, bete, wünsche mir nichts so sehr, als dass er diesen Schatz einerseits behüte, andererseits ihm aber auch eine neue, andere Freiheit schenke.

Ist die Arbeit vollbracht, lasse ich ein wenig wehmütig über diesen Abschied meinen Blick über das Land, die Wälder, Wiesen und Wasser meiner Heimat wandern. Und versuche, mir den Dirigenten der Natur vorzustellen. In seinen Händen liegt es, das Land in weiser Voraussicht zu beschützen, zugleich aber auch neue, andere Freiheit zu ersinnen. Denn wer weiß – so unglaublich es auch heute klingen mag –, ob nicht irgendwann eine Zeit anbricht, in der ein See, ein Wald, eine Wiese vor dem Tun der Menschen geschützt werden müssen. Dann liegt es an ihm, dem Dirigenten, vorausschauend, vorausdenkend, Entscheidungen zu fällen, die nicht einen Baum, sondern den Wald, nicht einen Grashalm, sondern die Wiese, die nicht das Einzelne, sondern das Ganze betreffen.

Und so wie ich nicht weiß, ob meine Kunst von meinen Kindeskindern noch geachtet werden wird, so ist es ungewiss, wie die Kindeskinder der heutigen Herrscher die Symphonie der Natur erleben werden. Wird es Flüsse geben ohne Fische? Werden die Menschen alle Wunder zur Gewohnheit degradieren? Werden die Gesetze einer Symphonie aus Egoismus, Kleinmütigkeit und Nichtbeachtung außer Kraft gesetzt? Doch so wie der Dirigent der zu lauten Pauke Einhalt gebieten muss, um den leisen Flöten Gehör zu verschaffen, werden auch die Herrscher zukünftiger Zeiten den lauten Stimmen, die nur ihr eigenes Jubellied hören wollen, ein Zeichen geben, um den leisen, oft fast unhörbaren Stimmen der Natur zu ihrem Recht zu verhelfen.

Der Dirigent hat die Fähigkeit, die Gesamtheit zu erfassen und zu durchdringen, und diese Einheit und diese Erkenntnis weiterzugeben – das ist das Geheimnis des Einswerdens mit der Musik oder der Natur. Denn es gibt kaum Schwierigeres, als die Geschenke der Schöpfung mit dem Menschen in Zusammenklang zu bringen …"

„Was hältst du davon, mein Verbündeter, wenn du für uns einen Blick in eine ferne Zukunft wirfst?", flüstert der Zauberer dem Komponisten ins Ohr. „Soviel kann ich dir verraten: Bis auf Geburt und Tod, Liebe und Hass wird alles anders sein. Die kühnsten, märchenhaften Träume der Menschheit sind Wirklichkeit geworden: eine Heerschar Friedenstauben hat, zumindest in Europa, das Land des Krieges endgültig unter ihre Kontrolle gebracht. Fremde Kontinente sind nur mit solch einer Geschwindigkeit zu erreichen, dass die Zeiger der Uhr, völlig verwirrt, sich rückwärts drehen müssen. Herzen werden, wollen sie nicht mehr schlagen, einfach ausgetauscht. Nicht die Entbehrung ist's, was Menschen zweifeln lässt, sondern der Überfluss.

Nur deine Musik, Komponist, wird auch noch in dieser fernen Zukunft in den Sälen des Schlosses erklingen und die Menschen an die Unvergänglichkeit erinnern."

„Wie wunderbar ist der Gedanke", träumt der Komponist weiter versonnen vor sich hin, „dass die Musik es ist, die dem Zeitmaßband entrinnen kann und auch in ferner Zukunft hier im Schloss und anderswo erklingen wird. Ist es selbst dem kühnsten Geist unmöglich, sich auch nur annähernd vorzustellen, wie Land und Menschen, wie Wissenschaft und Kunst sich in 300 Jahren präsentieren werden, so ist doch eines gewiss: dass auch im Jahre 2009 – wie sagenhafte Utopie klingt diese Zahl – Musiker sich in einem Orchester zusammenfinden, Notenblätter einer Symphonie entrollen, Instrumente stimmen und ... spielen werden! Das Dach über ihren Köpfen wird ein anderes sein, wie die Namen, die kommen und gehen. Doch das Zusammenspiel, dieser Wandel zu einem einzigen Körper aus Klang und Melodie, der Verzicht auf die Wichtigkeit des eigenen Tones zugunsten des Gesamten, wird immer und ewig, unabänderlich bestehen.

Anders wird die Zukunft mit dem Land verfahren. Selbst die atemraubendsten Fantasien, die grenzenlosesten Träume könnten nie erahnen, wie auch nur einhundert Jahre Menschen und Erde verändern werden. Allein der Blick aus meinem Fenster, der mir blühende Wiesen, reifes Ackerkorn, das Schilf des Sees zeigt – wird davon auch nur ein winzig kleiner Ausschnitt übrig sein? Andererseits, das Land ist wie die Musik – Wiese, Acker, Frucht gleichen dem Orchester: Die Menschen wechseln, aber ihre Instrumente werden immer Geigen, Posaunen, Flöten sein. So werden die Wiesen, auf denen heute Kühe weiden, dereinst Gärten schmucker Häuser sein, durch Äcker werden Wege führen, auf dem dahinrollt, was auch immer Unvorstellbares dem Geist des Menschen entspringen mag.

Doch was ist, wenn dieses Gleichnis von Land und Musik sich trennt, auseinanderdriftet? Wenn die Symphonie, das Zusammenklingen, in ferner Zeit nur mehr in der Musik und nicht mehr in der Wirklichkeit der Menschen vorhanden ist? Wenn die Frucht des Ackers – man wagt es sich kaum auszumalen – nicht mehr von der Kraft der Erde, der Sonne und des Regens geboren, sondern von menschlicher Zauberhand geschaffen wird?

Welche Taten werden die Herrschenden dann setzen? Werden sie versuchen, was aus dem Lot ist, wieder in Balance zu bringen? Werden sie die Äcker, Wälder, Wiesen zu einer einzig großen Kraft zusammenführen, wie auch der Dirigent es mit seinem Orchester tut? Werden sie der Natur mit jener Aufmerksamkeit lauschen, die es braucht, um alle feinen Töne zu verstehen, so wie sie es mit der Musik tun?

In der Musik, in einer Symphonie Platz zu nehmen, ist eine Reise in einer Zeitmaschine – denn dort, nur dort, steht der Sekundenzeiger immer still, scheinen Minuten, Wochen, Jahrhunderte eins zu werden. Und dort, so ist meine Hoffnung, werden die Menschen auch in ferner Zukunft den Sinn des Zusammenklingens aller Schöpfung hören, erkennen und verstehen."

Der Zauberer lehnt neben dem Komponisten am Fenster – beide schauen gedankenverloren in die weite Ebene, die das Schloss umgibt – und sagt:

„Was nützen Worte und himmlische Musik, wenn niemand da ist, sie zu hören. Erst durch das Ohr, die Fähigkeit des Verstehens, wird eine Geschichte, wird eine Symphonie lebendig. Denn Zuhören bedeutet vor allem, das, was uns umgibt, wahrzunehmen. Bedeutet Menschen, Tieren, der Natur Respekt zu zollen. Zuzuhören und damit Achtung zu schenken ist die edelste aller Eigenschaften des Menschen, denn nur dann ist man imstande, das harmonische Zusammenspiel der gesamten Schöpfung wirklich zu begreifen.

Mit dem Hören der Geschichte wird Vergangenes lebendig und erinnert, und damit für immer dem Vergessen entrissen. Und mit dem Hören deiner Symphonie werden wir zu einem Kapitel der Geschichte, die mit dem Flug der Götterboten beginnt und mit dem Gefühl von Glück und dem Begreifen von Unendlichkeit endet."

Der Komponist weiß nicht warum – und es erscheint ihm völlig unsinnig, da er ja mit niemandem im Gespräch ist als mit sich selbst –, aber am liebsten würde er sagen: „Ich weiß so gut, wovon du sprichst! Das Ohr ist die Brücke zwischen der Außen- und unserer Innenwelt, über die der Weg des Hörens direkt in unser Inneres führt. Manche gewähren den Klängen und den Worten nur einen schmalen, engen Durchgang, wie zum Schutz vor dem, was Musik und Geschichten, dieser feine Faden zum Himmlischen, in uns auszulösen vermögen.

Denn nur wer imstande ist zu lauschen – hören mit allen Sinnen –, wird diese feine Bande spüren, ahnen, lange bevor das Auge etwas sieht: die Verbundenheit mit aller Schöpfung."

Der Komponist ist zurückgekehrt zu seinem Piano und erschrickt über die leeren Stellen auf dem Notenblatt, die doch längst gefüllt sein sollten – die Geduld der Götterboten ist nicht besonders groß.

„Weil du uns soviel deiner kostbaren Zeit geschenkt hast", sagt der Zauberer, „schenke ich dir eine kleine Geschichte. Höre:

Eines Tages begegneten sich Märchen und Wahrheit. Doch wie traurig war die Wahrheit, ganz grau vor Gram, weil keiner der Menschen etwas mit ihr zu tun haben wollte. Ich werde dir ein Geheimnis erzählen, lächelte das Märchen, ein großes Geheimnis: Die Menschen lieben es, wenn man sich verkleidet, wenn man bunte Gewänder und Masken trägt. Warum, glaubst du, kann die Menschheit, seitdem sie existiert, nicht auf mich verzichten? Weil ich ihnen all die bunten Farben gebe, die Masken des Frohsinns und des Glücks, nach denen sie sich so sehr sehnen! Und weil das Märchen so großes Mitleid mit der Wahrheit hatte, gab es ihr von seinen Farben, den Masken, und schlug ihr vor, doch gemeinsam durch die Welt zu gehen! Und das tun die beiden bis heute ...

Deshalb hat mich die Musik ja zu dir geführt", sagt der Zauberer weiter, „denn auch dein Werk hilft, die oft verschlossenen Türen der Menschen für die Wahrheit aufzutun."

Der Komponist schreibt etwas auf das Notenblatt, was eigentlich die Botschaft der Götterboten zum Inhalt haben sollte, Musik, die schon in seinem Ohr erklingt und wartet, aber es sind Worte:

„Ich bin nur eine Station auf dem Weg zur Wahrheit", schreibt er. „Fange die Boten ein für die Dressur am Notenblatt. Baue mit der Symphonie eine Tür zwischen Himmel und Erde, die vom Dirigenten dann geöffnet wird. Das Orchester schließlich legt den Weg, auf dem die, die hören, dankbar pilgern. Im Zusammenklang von allen, und nichts anderes bedeutet Symphonie, wird dann geboren, was dem, das wir Wahrheit nennen, so nahe kommt wie sonst nichts!"

Der Zauberer umarmt unsichtbar, unspürbar den Komponisten und dankt ihm – obwohl er weiß, dass dieser nichts von alldem erinnern wird, was sich in den letzten Minuten im Saal des Schlosses an dem Piano zugetragen hatte –, das einzige, worüber er sich in ein paar Augenblicken wundern wird, werden die Worte, ohne Zusammenhang zu seinem arbeitsreichen Tag, auf dem Notenblatt sein. Dann schnipst der Zauberer mit den Fingern und ...

... und er und seine Gäste sind zurück im Theater des Alltags. Er steht vor der geöffneten Kiste und dirigiert mit wenigen Bewegungen in Sekundenschnelle die Märchendinge, Schlösser, Damen, Volk, zurück in die alte Truhe. Ein Schlag mit der flachen Hand auf das Holz und das Podest ist leer, als hätte es die schwere, reich verzierte Kiste nie gegeben. Das Publikum sitzt auf den Stühlen und sie schauen und wissen nicht, ob sie gerade eben ein Märchen oder die Wahrheit erlebt haben.

„Was, wie wir wissen", lacht der Zauberer und verbeugt sich tief zum Abschied, „nicht voneinander zu trennen ist!"

Während sich ein Theater leert, Gäste nachdenklich langsam den Saal verlassen, starrt in ferner Vergangenheit ein Komponist aus dem Fenster seines Schlosses.

„Wie gut es doch ist", denkt er, umfangen von einem unerklärlich seltsamen warmen Hauch, „dass das Tor, hinter dem die Zukunft liegt, fest verschlossen ist – unerträglich unfassbar wäre dieses Wissen für uns Menschen, die wir in Zeit und Raum gefangen sind.

Zum Glück jedoch gibt es die Liebe, gibt es Musik und gibt es Geschichten, die uns, umfangen von einem unerklärlich seltsamen warmen Hauch, für Augenblicke aus dieser Wirklichkeit entfliehen lassen …"

Am fünften Abend erzählt der Zauberer, wie er die Stille verzaubert ...

Kommt, ich habe hier die Stille für euch, die ich – ohne Zauber, ohne Tricks – allein durch die Kraft der Geschichte verwandeln werde. So wird es euch gelingen, dem Alltag, dem Blick der Gewohnheit, dem Selbstverständlichen zu entfliehen und damit eine wahre Wunderwelt zu erfahren ...

Der Zauberer zeigt seine offene, leere Hand, schließt sie, fixiert sie, als würde er der Faust mit Hilfe seines Blickes etwas schicken wollen, vielleicht einen Vogel, eine Blume oder ein Ei, um – nach fünf unendlich langen Sekunden – blitzschnell den Arm mit der Faust nach vorne schnellen zu lassen, sie mitten in der Bewegung zu öffnen und etwas Schwarzes, etwas Großes, unheimlich Großes in die Luft zu schleudern. Die Zuseher machen erschrocken einen Satz zurück, aus Angst, das Schwarze könnte ihnen zu nahe kommen, sie berühren, einhüllen, sie verschlingen.

„Beruhigt euch", sagt der Zauberer, „es ist nur die Nacht, die die Geschichte noch umhüllt, die ich euch erzählen will. Aber nicht mehr lange ..." Langsam, wie in Zeitlupe, wischt er über das Bild, das er in die Luft geworfen hat, und jeder Millimeter seiner Bewegung lässt mehr Licht erscheinen, zuerst kaum wahrnehmbar, dann immer stärker, bis die Nacht dem Morgen weichen muss. Und langsam, wie in Zeitlupe, werden nun Konturen sichtbar, die Schatten einer Stadt. Als würde er mit Seilen eine schwere Last ans Ufer ziehen, zoomt der Zauberer für die Besucher die Szene näher heran, Häuser, Straßen, Plätze werden sichtbar und ... und ein Mann, der durch die Gassen läuft. Läuft, schaut, sucht, weiterrennt. Bis er stehenbleibt, sich außer Atem und erschöpft an eine Hauswand lehnt.

Weiter fegt der Zauberer mit seiner Hand übers Bild, immer schneller, die geschäftigen Stunden des Tages rasen vorüber, hetzende Leute, jagende Autos, eine grellbunte Geräuschkulisse – wie ein Karussell, das sich immer schneller dreht. Bis die Hand ruckartig stoppt und damit das Bild einfriert: Ein Big Mac steckt in einem Mund, ein Daumen schwebt über den Tasten eines Mobiltelefons und eine Frau bückt sich über die Louis Vuitton-Taschen eines schwarzen Straßenverkäufers. Gespenstische Stille, nichts bewegt sich mehr, bis auf den Mann, der an der Hauswand lehnt und seine Arme von sich streckt, als hätte er das Karussell angehalten.

Der Zauberer schnipst mit seinem Finger – und der Mann sagt keuchend: „Was ist geschehen?"

Der Zauberer schnipst abermals und wie aus dem Nichts kommt ein Kind gelaufen. Es kommt gelaufen, so als würde es das Stillstehen der Bewegung und der Töne nicht bemerken, kommt direkt zu dem Mann gelaufen und nimmt ihn bei der Hand.

„Komm", sagt es, „schnell. Ich muss dir was zeigen!" Und es zieht den verwirrten Mann mit sich – noch immer bewegen sich nur die beiden, nur ihre Schritte und ihre Stimmen sind zu hören – zu einem winzig kleinen Rasenstück inmitten des Straßengewirrs. Dort kniet es nieder, zieht den Mann zu sich hinunter und greift mit seinen schmalen Händen nach etwas, das im hohen Gras verborgen scheint. In diesem Augenblick wird die Stille, diese unheimliche Stille, wie man sie sonst nur noch auf hohen Berggipfeln findet, von einem schrillen Ton, einem einzelnen, lauten Klang zerrissen: dem Zirpen einer Grille. Im selben Augenblick hat das Kind sie auch schon zwischen seinen Fingern, vorsichtig, und lässt das Tierchen nun auf seinem Handteller spazieren.

„Ist sie nicht wunderschön", sagt das Kind. Und das einzige, was in der ganzen Stadt zu hören ist, und das einzige, was sich bewegt – außer den beiden, Kind und Mann – ist diese Grille.

„Wie ist sie hierher gekommen?", fragt der Mann.

„Sie war immer da", antwortet das Kind.

Und plötzlich hört man eine einzelne Vogelstimme, und der Mann reißt seinen Kopf herum und sucht und entdeckt einen Baum am Straßenrand, und auf einem seiner Äste eine Nachtigall, die singt.

„Wie lange schon habe ich keinen Vogel mehr singen hören!", ruft er und läuft in Richtung des Gesangs. „Wieso singt er mit einem Mal?"

„Er hat immer gesungen", antwortet das Kind.

Der Mann und das Kind stehen vor dem Baum und lauschen verzückt der Stimme der Nachtigall, die die erstarrte Stadt mit Leben zu erfüllen scheint – selbst die Grille auf dem Handteller des Kindes schweigt ...

Mit einem seltsamen Gefühl, einem, das der Mann schon verloren glaubte, ein Gefühl von – hieß es Glück? –, dreht er sich um und sieht ... die wunderschön verzierten Häuser der Straße, die, so scheint es ihm, sich während der Pause gerade ins Bild geschlichen haben müssen. Und mit dem Lied der Nachtigall im Hintergrund geht er auf die Menschen zu, die noch immer wie Pappgestelle, Puppen, wie Skulpturen genau in der Position verharren, in der sie sich befanden, als der Zauberer mit seiner Hand das Karussell zum Stillstand brachte. Die Frauen, Männer, Kinder kennt er nicht, und doch scheinen sie ihm mit einem Mal nicht fremd, spürt er eine seltsame Verbundenheit, wenn er in ihre starren Augen blickt, wenn er vorsichtig über ihre Haare streicht oder einen bei der Hand nimmt.

„Welch Wunder diese Menschen in ihrer Verschiedenheit doch sind, keiner gleicht dem anderen, ja, es ist ein Wunder!", sagt der Mann und schweigt vor Ehrfurcht.

„Das waren sie immer", antwortet das Kind.

„Obwohl du ein Kind bist, scheinst du viel zu wissen", sagt der Mann zum Kind, „wer bist du?"

Statt einer Antwort nimmt das Kind die Hand des Mannes und setzt ihm ganz vorsichtig die Grille zwischen die Finger.

In diesem Augenblick schnipst der Zauberer erneut, und als wäre nichts geschehen, läuft das Karussell des Alltags weiter: Zähne beißen fest in einen Big Mac, ein Daumen tippt sein „Ich liebe Dich" zu Ende und die Frau ist glücklich über ihre Louis Vuitton-Tasche zu 7,50 Euro.

Inmitten dieses hektischen Getriebes steht ein Mann, wie erstarrt, und lächelt. Die Menschen, die an ihm vorüberhasten, sehen ihn verwundert an: Warum lächelt er? Warum tut er so, als würde er irgendetwas hören? Und warum hält er seine Faust, als würde er etwas Kostbares darin aufbewahren?

Der Zauberer beginnt indessen langsam, wie in Zeitlupe, über das Bild zu wischen, das er in die Luft geworfen hatte, und jeder Millimeter seiner Bewegung lässt mehr Dunkelheit erscheinen, zuerst kaum wahrnehmbar, dann immer stärker, bis der Tag der Nacht ganz weichen muss.

Und langsam, wie in Zeitlupe, verschwindet im Hintergrund der Bühne eine Kontur, der Schatten eines Kindes, während die Nachtigall noch immer ihr Lied singt ...

Am sechsten Abend erzählt der Zauberer, wie er ein Gespräch verzaubert …

Kommt, ich habe hier ein Gespräch für euch, das ich – ohne Zauber, ohne Tricks – allein durch die Kraft der Geschichte verwandeln werde. So wird es euch gelingen, dem Alltag, dem Blick der Gewohnheit, dem Selbstverständlichen zu entfliehen und damit eine wahre Wunderwelt zu erfahren …

„Manche meinen", sagt der Zauberer, „dass die Kochkunst wahre Zauberei sei. Einzelnes so zusammenzufügen, dass es am Ende zu einem Hochgenuss für alle Sinne wird. Nun, genau das möchte ich mit euch versuchen."

Mit ein paar wenigen, schnellen Bewegungen lässt er auf dem Tisch einen Apfelstrudel erscheinen. „Meine Damen und Herren, ein köstlicher Apfelstrudel! Doch welcher Mensch denkt schon, während er sich ganz dem Geschmack und dem Duft hingibt, an die einzelnen Zutaten, aus denen er bereitet wurde." Seine rechte Hand holt in einer schraubenförmigen Bewegung aus dem unschuldig daliegenden Stück Kuchen zuerst einen glänzenden, roten Apfel hervor und legt ihn auf den Tisch, dann – unter dem Applaus des Publikums – eine Schale Mehl, schraubt weiter, einen Krug Wasser, nun eine Portion Zucker, eine Portion Rosinen und zum Schluss noch ein Ei.

„Dankeschön, das war sehr einfach, weil doch alles in diesem Strudel, nur in anderer Form, schon vorhanden war und ich es nur wieder hervorholen musste. Aber … ist uns das genug? Haben all die Dinge, die hier vor uns liegen, nicht noch viel mehr zu erzählen?"

Der Zauberer nimmt den Apfel, wirft ihn mit einer Hand in die Luft, während die andere, zur Faust geballt, blitzschnell ihre Finger spreizt, woraufhin ein grelles Licht für Sekunden die Zuseher blendet. Als sie wieder sehen können, trauen sie ihren Augen nicht, die Ahs und Ohs purzeln nur so durch den Saal: Vor ihnen steht ein Baum, ein richtig großer Apfelbaum, übersät mit roten Äpfeln derselben Sorte, wie sie für den Strudel verwendet wurde. Sogar ein paar Vögel fliegen jetzt verwirrt auf, gerade eben hatten sie doch noch auf der Wiese ihr Lied gesungen ...

„Natürlich ist die Geschichte noch lange nicht zu Ende, denn wer pflanzte diesen Baum, woher kam der Same? Würden wir alles das herbeizaubern wollen, gäb es kaum ein Ende. Und so geht es auch ..." – und er greift nach der Schüssel – „... mit dem Mehl ..." – und wie er es in die Luft schleudert, verschwindet der Baum und es wächst an seiner Stelle ein Stück eines Kornfeldes und die Menschen jubeln vor Vergnügen – „und das Wasser ..." – und er hält den Krug in die Höhe und ein meterbreiter Wasserfall ergießt sich auf den Boden und verschwindet dort in einer unsichtbaren Öffnung – und zur Begeisterung des Publikums wirft er zum Schluss noch das Ei in die Höhe, und mit einer weiteren Handbewegung landet ein aufgeregt gackerndes Huhn vor den Füßen der kreischenden Gäste und verschwindet zwischen ihren Beinen.

„Das waren alles sehr konkrete Dinge, die durch eure Fantasie längst als Bild vorhanden waren, bevor ich sie wahrhaftig werden ließ. Aber was ist mit jenen Dingen, die sich nicht so klar und deutlich präsentieren, die die Fantasie trotz heftigen Bemühens nicht zu fassen kriegen vermag."

In diesem Moment wird das Erzählen des Zauberers jäh unterbrochen vom Klingeln eines Mobiltelefons. „Bach, Goldberg-Variationen", lacht der Zauberer, „das hätte Johann Sebastian sicher gefreut, wüsste er, dass er als Klingelton verwendet wird!" Der Telefonbesitzer versucht unterdes mit hochrotem Kopf das Ding zum Schweigen zu bringen, er hätte schwören können, es abgeschaltet zu haben, drückt verzweifelt alle Knöpfe, während Johann Sebastian unvermindert piepst. Als letzten Ausweg reißt er die Rückwand weg, entfernt die Batterie – aber noch immer bacht es!

„Tut mir wirklich leid", lächelt der Zauberer, „wenn ich Ihnen Stress bereitet habe, es war eine meiner kleinen, dummen Zaubereien, die es weiterklingeln ließ. Wären Sie so freundlich, mir Ihr Telefon zu leihen?"

Erleichtert, dass es endlich schweigt, erleichtert, dass es nicht sein Versäumnis, sondern Scherz des Magiers war, überreicht er dankbar sein zigarettenschachtelgroßes Wunderding.

„Ich werde euch nun nicht, wie ich es beim Strudel getan habe, die Ingredienzien dieses Wunderdinges auf meinem schwarzen Tisch servieren – Chip und Minilautsprecher und elektronische Kontakte durch den Raum zu zaubern, wäre langweilig. Aber was haltet ihr davon, wenn wir gleich eine Dimension tiefer gehen? Wozu tragen wir alle dieses Ding mit uns herum? – um zu reden und zuzuhören. Um miteinander zu kommunizieren. Aber worin besteht, was für den Strudel der Apfelbaum, das Kornfeld und das Ei, also der wahre Ursprung eines Mobiltelefones? Ihr kennt doch sicher das Märchen des Mannes, der drei Geschenke erhält: ein Zauberpulver, das Tote wieder lebendig macht, einen fliegenden Teppich, der seinen Besitzer an jeden Ort der Welt bringt, und ein Fernrohr, mit dem er alles erspähen kann. Mit dem Fernrohr sieht er eine tote Prinzessin, landet Augenblicke später mit dem fliegenden Teppich vor ihrem Bett und wird sie, mit Hilfe des Zauberpulvers, wieder lebendig machen – naja, und sie in seine Arme schließen und wenn sie nicht gestorben sind und so weiter …

Die Frage, die sich nun alle stellen, der Märchenheld und auch alle, die ihm durch das Lesen oder Zuhören folgen: Welchem der drei Dinge gebührt die Ehre des Erfolges – dem Zauberpulver, dem Zauberteppich oder dem Zauberfernrohr? Ein jedes meint, es sei das Wichtigste, die Hauptfigur in diesem Spiel.

Verfolgten wir nun die Zaubereien zurück, die hinter diesem Telefon stecken, so würde dieser Raum nicht ausreichen, sie alle zu präsentieren."

Der Zauberer stellt sich vor den Tisch, schließt seine Augen und während seine Arme sich langsam heben, erscheint auf dem Tisch, wie projiziert auf eine imaginäre Leinwand, ein Mann in seltsamen Kleidern. gäbe es unter den Zusehern einen Historiker, er würde sofort erkennen, dass der fremde Herr aus der Renaissance zu Besuch ist. Und da dieser Herr nun an eine eigentümliche Maschine tritt, sich Rollen und Walzen in Gang setzen und Menschen ungläubig auf die Papierbögen starren, die die Maschine wie ein Kind gebiert, würde der Historiker nur lächelnd nicken und meinen: „Alles klar: 1452". Gutenberg. Druckmaschine. Bibel.

Der Zauberer, zurückgekehrt aus fernen Zeiten, fragt: „War das der Same, der den Apfelbaum hat wachsen lassen? War dieser Schritt, vom gesprochenen zum geschriebenen Wort, der Anfang? Gutenberg, der alles auf den Kopf gestellt, was zu diesem Zeitpunkt gültig war: Das gesagte Wort, das zählte. Das Memorieren. Das perfekte Zusammenspiel von Mund und Ohr. Sollte das nun mit einem Schlag verloren und vergessen sein? Nur was geschrieben steht, zählt? Erinnern – nicht mehr wichtig? Das Lesen löst das Zuhören ab? War es das?"

Wieder geht der Zauberer in Position, wieder lässt er seine Hände wie zum Gebet nach oben schweben. Diesmal erscheint über dem Tisch ein Mann in einer dunklen Kammer, der an einem Gerät sitzt und in einen Trichter wieder und wieder Worte spricht. Gleich darauf erscheint geisterhaft ein zweiter, Rücken an Rücken mit dem anderen, auch er vor einem solchen Ding mit Trichter, nur dass dieser versucht, zu hören.

„Einfach: 1837. Mister Morse. Der Telegraph", würde der Historiker sagen.

„Richtig", meint der Zauberer, „das Kornfeld des Apfelstrudels – der Telegraph! Zum ersten Mal werden Mund und Ohr getrennt. Bis zu diesem Augenblick, es klingt fantastisch, war das gesprochene Wort untrennbar mit einem Ohr verbunden, das man auch sehen, auch angreifen konnte. Aber der Telegraph trennte die beiden. Hier sagte jemand „Ich liebe dich" und dort wurde es gehört – kein Blick mehr und kein in die Arme nehmen, keine Möglichkeit mehr, in den Augen und in der Berührung die Wahrheit abzulesen. War dies der Samen des Korns für das Mehl im Apfelstrudel?"

Der Zauberer hat sich wieder gesammelt. Hat wieder seine Augen geschlossen. Hebt sie langsam. Und wieder wird ein Bild erwartet. Das Bild von Thomas Edison, wie er Elektrizität auf einem Acker pflanzte? Ein drahtloser Vogel, der unsichtbar durch die Lüfte schwebt? Ein Chip, wie die erste Blüte eines Baumes im Frühling? Aber kein Bild. Dafür beginnt das Telefon mit dem Klingelton von Johann Sebastian sich plötzlich von der Tischplatte zu lösen und in sanften Kreisen in die Luft zu schweben. Es verharrt in Kopfhöhe des bewegungslosen Magiers, dreht sich nach allen Seiten wie ein Satellit im Weltenraum. Während sich nun im ganzen Raum Dunkelheit ausbreitet, erfasst mit einem Mal ein starker Lichtstrahl das zigarettenschachtelgroße, sich drehende Wunderding und rückt es damit in den Mittelpunkt der Welt.

Und die Stille dieser andächtigen Szene, in der alle auf das schwebende Ding in der Mitte starren, wird plötzlich von diesem wunderschönen, fantastischen, großartigen Klingelton, den ersten Takten von Bachs Goldberg-Variationen, unterbrochen …

Am siebenten Abend erzählt der Zauberer, wie er einen Fernseher verzaubert ...

Kommt, ich habe hier einen Fernseher für euch, den ich – ohne Zauber, ohne Tricks – allein durch die Kraft der Geschichte verwandeln werde. So wird es euch gelingen, dem Alltag, dem Blick der Gewohnheit, dem Selbstverständlichen zu entfliehen und damit eine wahre Wunderwelt zu erfahren ...

Eines Abends, als der Zauberer in einer privaten Runde eingeladen ist, fragt ihn die Gastgeberin, ob er tatsächlich einmal gesagt hätte, dass sich grundsätzlich Alles herbeizaubern ließe.

„Grundsätzlich: Ja!", antwortet der Zauberer. „Außer den Dingen, die sich dagegen wehren, für unsere Augen sichtbar zu werden."

„Und wie steht es mit ... Gott?" – und ihr Lächeln und der Ton in ihrer Stimme verraten, dass sie nun den berühmten Gast in die Enge getrieben glaubt.

Statt eine Antwort zu geben, erhebt sich der Zauberer von seinem Stuhl und geht zu einem Kasten. „Sie erlauben", fragt er die Hausherrin. Als sie nickt, beginnt er, wie mühelos und ohne Anstrengung den mannshohen und breiten Kasten in die Mitte des Salons vor die staunenden Gäste zu schieben. Dann stellt er sich vor die beiden Türen, je eine Hand auf einem der Griffe, als würde er sie öffnen wollen. Aber er hält inne, dreht seinen Kopf zu den Anwesenden und sagt: „Nun, wir werden sehen, ob Gott Lust hat, sich hier zu zeigen!" – Und nach einem tiefen Atemholen fliegen beide Türen auf und er tritt rasch zur Seite.

Im Inneren des Kastens tobt ein ungeheures Gewitter: Blitze zucken durch die Nacht, gefolgt von Donnergrollen wie Paukenschläge. Perlengroße Regentropfen werden vom Wind so heftig gegen die Kastenwände gepeitscht, dass die Zuseher augenblicklich einen Satz nach hinten machen, aus Angst, getroffen, durchnässt, vom rasenden Sturm in den Kampf der Natur gezogen zu werden – aber nur ein paar vereinzelte Wasserperlen sind am Boden vor dem Kasten zu sehen, der Sturm scheint wie von einer gewaltigen Hand zurückgehalten zu werden, denn nur ein geringer Windhauch erreicht die Menschen.

Der Zauberer wirft seine Arme nach vorne, als würde er etwas in den Kasten schleudern, und im selben Augenblick ist der ganze Raum erfüllt von gleißender Sonne und unvorstellbarer Kälte.

Als die Augen sich an das starke Licht, das aus der linken oberen Ecke zu kommen scheint, gewöhnt haben, zeigt das Innere des Kastens die unwirkliche Schönheit der Weite und Stille des arktischen Eismeeres. Gewaltige Gletschergebirge, strahlend wie riesige Kristalle, nähern sich rasch, allem voran eine Eisscholle, auf der sich etwas zu bewegen scheint. Etwas, das Sekunden später schon deutlich zu erkennen ist und die Gäste vor Schrecken ihre Gesichter bedecken und mit spitzen Schreien zurückweichen lässt: Da sitzt eine Eisbärin und hält in ihren gewaltigen Tatzen ihr Junges, groß wie ein Menschenkind. So nahe sind die beiden nun, dass der feuchte, eisige Geruch den Gästen entgegenweht, und als das Kleine in das Wasser patscht, erreichen kleine Eisklümpchen die warme Haut der Staunenden.

Plötzlich scheinen die beiden, Mutter und Kind Eisbär, etwas entdeckt zu haben, denn neugierig kommen sie nun noch näher, jede Einzelheit der Tiere, ihre Augen, die

Nasen, die Krallen ihrer Pranken sind zum Greifen nahe. Aug in Aug stehen sie nun mit den Menschen, man spürt, sie sind genauso verwirrt, verwundert, welch fremder Geruch, vielleicht von unbekannter Beute, mit einem Mal in ihren Nasen ist.

In dem Moment, als die Bärenmutter ihre riesige Pranke gegen das Holz des Kasten ausstreckt, um sich nach vorn zu ziehen, schnipst der Zauberer mit dem Finger und ...

... und im mannshohen Kasten im Salon geht über der Wüste Arizonas gerade die Sonne unter. Der Sand flimmert in der Hitze, über den Dünen wird feiner Staub kaum merklich hochgewirbelt. In diese vollkommene Stille hinein, in dieses Bild des Friedens und der Ruhe, dringt langsam, wie aus weiter Ferne, die Musik einer einsamen Flöte. Man würde sich wünschen, den Spieler zu sehen, so eindringlich ist sein Lied, aber er erscheint nicht.

Wieder wendet sich der Zauberer zum Kasten und seine Handbewegung lässt einen Mann und eine Frau erscheinen, die ihr totes Kind in ihren Armen halten und hemmungslos weinen und Gott verfluchen, der es ihnen, kaum geschenkt, wieder genommen hat. „Wie konntest du nur", brüllt der Vater, „ich hasse dich, hörst du Gott, ich hasse dich!"

Der Zauberer schließt langsam die Türen des Kastens, noch ist das Schluchzen der Eltern zu hören, bis es ganz verstummt und er die Türen wieder langsam öffnet und inmitten des Zimmers ein Teich erscheint. Ein schönes Bild, eine kitschige Idylle, Wiese und Schilf. Vögel singen, Grillen zirpen und irgendwo im Hintergrund quakt ein Frosch. Plötzlich taucht aus der rechten unteren Ecke unsicher ein Kind auf, vielleicht ist es eineinhalb Jahre alt, kann erst unsicher gehen, wankt an das Ufer, wo es etwas sieht. Eine Rose, eine verführerisch rot strahlende Wasserrose, die nur ein paar

Zentimeter vom Ufer entfernt wächst. Das Kind ist jetzt nur noch eine Handbreit vom Wasser entfernt, beugt sich weit nach vorne, um nach der Blume zu greifen, erreicht sie nicht, beugt sich immer weiter – gleich wird es nach vorne kippen, jeden Augenblick kann es geschehen, es ist so wirklich, dass eine Frau in der ersten Reihe dorthin stürzen will, das Unvermeidliche aufzuhalten, das Kind zu retten. Doch der Zauberer hält sie zurück, während im Inneren des Kastens das Kind plötzlich stehenbleibt. Es sinkt auf seine Knie, dann auf alle Viere, und, sich Stück für Stück vorsichtig nach vorne tastend, erreicht es das Wasser. Als es bemerkt, dass der Grund steil abfällt, hält es kurz inne, starrt auf die leuchtende Rose, versucht noch einmal, mit einer Hand Grund zu bekommen, man spürt geradezu, wie es mit sich kämpft, will die Blume, kennt die Gefahren des Wassers nicht, nur noch ein kleines Stück, dann wär das Rot erreicht, nimmt alle seine Kräfte zusammen und ... reißt sich zurück, sitzt sicher am Ufer. „Schatz, wo bist du", hört man eine aufgeregte Stimme nach ihrem Kind rufen, eine Stimme, die rasch näher kommt, doch bevor jemand im Kasten erscheint, hat der Zauberer ihn wieder geschlossen.

Die Gäste im Salon der Gastgeberin sind fasziniert, murmeln: „Unglaublich, wie macht er das nur", können es nicht fassen, was mit ihnen in den letzten vier Minuten geschehen war – denn gerade mal 240 Sekunden sind seit dem Augenblick vergangen, als er zum ersten Mal den mannshohen, breiten Kasten geöffnet hatte.

„War das Gott?", fragt er und blickt jedem der Anwesenden in die Augen. „Oder ist Gott vielleicht das?", und von alleine fliegen die Türen des Kastens auf.

Rapper Will.I.Am läuft aus dem Dunkel bis an die Kante des Rahmens und singt für Barack Obama „Yes we can". Verschwindet, macht Platz für eine graue Betonwand, an der ein chinesisches Liebespärchen lehnt und sich innig küsst. Nach wenigen Sekunden wird es verdrängt von einer Nonne, die in der Nische ihrer Kammer kniet und inbrünstig eine Statue der heiligen Maria anbetet. Bis genau an der Stelle, wo gerade noch der Strahlenkranz der Muttergottes zu sehen war, ein Mann mit einem Sturzhelm erscheint, der sich in diesem Augenblick von der Spitze eines der Petronas Towers in Kuala Lumpur abstößt, 30 Zehntelsekunden lang zur Erde stürzt, bis sich sein Fallschirm öffnet und er durch den Kasten rauscht, als gäbe es dort keinen Boden. Wie ein sich öffnender Vorhang hat die flirrende Seide schon die nächste Szene hervorgezaubert: ein schroffer Felsen in einem hohen Gebirge, nur grauer Stein so weit das Auge reicht, und ... ein kleines Bäumchen, knorrig wie ein tausend Jahre alter Greis, das sich mit seinen dünnen Wurzeln verbissen an den Fels klammert, gegen Stürme, gegen Schnee, gegen die unerbittliche Kälte des Steins ankämpft – und wie es scheint, gewinnt, immer wieder gewinnt. Für den Augenblick eines Wimpernschlags ist es still, dann flutet ein grelles Farbenspiel von links nach rechts durch den Kasten: Tanzend, singend, manche in schrillen Kleidern, manche nackt, stampft die Love Parade durch den Salon im dritten Stock eines Bürgerhauses. Strömt, stampft vorüber, einer hält inne, wendet sich den verdutzten Gästen zu und sagt: „Los, ihr steifen Heteros, traut euch und kommt mit", bevor er von den anderen mitgerissen wird.

Noch fünf, zehn fröhlich bunte Körper hüpfen vorüber, dann ist es wieder still und eine Hütte wird sichtbar im afrikanischen Busch, vor der eine Frau am Boden sitzt und in einem steinernen Mörser Mais zu Mehl zermahlt. Sie hält inne, füllt aus einem Leinensack den Mais nach, fährt mit ihrer Arbeit fort. Manchmal blickt sie zu ihrem Kind, das neben ihr auf einer Decke liegt und schläft. Im Hintergrund geht eine Ziege von links nach rechts. Aus der Hütte ruft eine alte Stimme, gäbe es einen Übersetzer, würden wir wissen, dass es heißt: „Hast du das Mehl fertig, das Wasser kocht." Noch ein paar Augenblicke lang sieht man die schöne Gestalt der Frau, wie sie in gleichmäßigen Bewegungen ihre Arme und Hände auf und ab, vor und zurück bewegt, bis ein Fingerschnipsen des Zauberers den Kasten wieder nur leerer Kasten sein lässt.

Die Dame des Hauses weiß nicht, wie sie das Schweigen, das plötzlich in ihrem Wohnzimmer entstanden ist und eine seltsam bedrückende Stimmung hat entstehen lassen, durchbrechen soll, bis ein Mann, Typ erfolgreicher Geschäftsmann, aufspringt und zum Kasten läuft. „Ein Trick, eine perfekte Täuschung", ruft er aufgeregt. „Hochauflösender Beamer oder Flatscreen. Mit Technik ist heute alles möglich!" Und seine Hände durchwühlen das Innere des Kastens, bis er sie mit Entsetzen in den Augen zurückzieht und nur noch murmelt: „Ein perfekter Trick, was soll es sonst sein."

„Verzeihung, mein Herr", sagt der Zauberer, „dass ich Sie verwirrt oder gar geängstigt habe. Aber alles, was ich im Kasten habe erscheinen lassen, war ... die Wirklichkeit. Alles hat wahrhaftig stattgefunden. Mein Zauber bestand nur darin, eine Handvoll der Trillionen Dinge, die in diesem Augenblick an jedem Ort der Erde passieren, hautnah an Sie heranzubringen. Wenn ich den Kasten schließe, werden die Ereignisse wieder in die Ferne verschwinden, zu weit weg, um sie zu berühren."

„Aber was ist mit Gott? Haben wir Gott gesehen?", fragt die Hausherrin.

„Gott ist Rap. Und Gott ist Mozart. Gott ist schwul. Und ist die materialisierte Liebe zwischen Mann und Frau. Gott ist Bhagwan und ist Muslim, Christ, Jude, Buddhist. Gott ist ein Regenwurm. Und war Tschernobyl. Gott hat weder 1938 noch am 11. September geschlafen. Und natürlich ist Gott auch Glaube, Liebe, Hoffnung." Der Zauberer schließt die Türen, und mühelos und ohne Anstrengung schiebt er den mannshohen und breiten Kasten wieder an den Platz, an dem er stand, und sagt: „Nun ist die Welt wieder dort, wo wir sie haben wollen: in einem verschlossenen Kasten. Und hat dort zu warten auf den Moment, in dem es uns gelüstet, einen Blick auf sie zu werfen …"

Am achten Abend erzählt der Zauberer, wie er eine Maschine verzaubert ...

Kommt, ich habe hier eine Maschine für euch, die ich – ohne Zauber, ohne Tricks – allein durch die Kraft der Geschichte verwandeln werde. So wird es euch gelingen, dem Alltag, dem Blick der Gewohnheit, dem Selbstverständlichen zu entfliehen und damit eine wahre Wunderwelt zu erfahren ...

Als sich der Vorhang im Saal hebt, steht auf der leeren Bühne ein Tisch, auf dem sich unter einem schwarzen Tuch verborgen etwas abzeichnet. Der Zauberer hat seinen Auftritt, kurzer Applaus, er stellt sich neben den Tisch und klatscht einmal in die Hände. Unter dem Tuch beginnen Geräusche hervorzukommen, zuerst ein leises Zischen, dann ein Mahlen, gleichzeitig steigt feiner Rauch durch die Poren des Stoffes auf. Wieder kurzes Zischen, dann ein Glucksen wie fallende Wassertropfen. Jetzt steigt ein starker Geruch auf, breitet sich rasch aus, und in dem Moment, als er die Besucher erreicht, alle Nasen den Duft eindeutig und sofort identifizieren, die Zuseher zu lachen beginnen, weil das Geheimnis nun gelüftet ist – in dem Moment klatscht der Zauberer nochmals in die Hände und wie von Geisterhand schwebt das schwarze Tuch in die Höhe und gibt den Blick frei auf eine Maschine, eine Kaffeemaschine.

„Was ist dieser Maschine in den letzten Minuten widerfahren? Solange sie verborgen war, war sie etwas Besonderes, ein Rätsel, niemand im Saal hätte erraten, was sich unter dem Tuch verbirgt. Wie ein interessanter Mensch, der einem gegenübersitzt, und man hofft, ihn kennenzulernen. Dann wurde die Maschine lebendig und sofort begann die Fantasie in eurem Gehirn alle Schubladen aufzureißen, in denen sie ähnliches vermutete, um aus dem Vergleich eine Lösung zu finden. Das war der Augenblick, in dem der Maschine die größte Beachtung geschenkt wurde. Als wäre man nun mit dem interessanten Menschen ins Gespräch gekommen, versucht man näheres zu erfahren, als erstes ,verheiratet/unverheiratet', dann Vorlieben, Interessen, und daraus wird ein Bild geformt, das man mit seinen Erfahrungen vergleicht, um den nächsten Schritt planen zu können.

Zurück zu unserem Maschinchen: Es folgt die Auflösung. Ha, nur eine Kaffeemaschine! Keine Zeitmaschine, für nette Ausflüge in die Zukunft, kein Materialisator zum Unsichtbarmachen, um unbemerkt der Nachbarin beim Duschen zusehen zu können, kein Brain Book, das alles Wissen dieser Welt ins Gehirn zu leiten vermag. Eine lächerliche Kaffeemaschine, die in diesem Moment wieder zum gewöhnlichsten Gegenstand degradiert ist, weil man ja selbst zu Hause eine stehen hat und die ist nun wirklich nichts Besonderes. Kommen wir wieder zu unserem Gespräch mit dem interessanten Gegenüber, würde das bedeuten: glücklich verheiratet, Vegetarier (wo man doch nichts lieber isst als Schnitzel) und Muslim (wo man doch selbst gerade Buddha verehrt). Also nichts. Aufstehen und Tschüss. Ciao. Baba.

Nun behaupte ich aber", fährt der Zauberer fort, „dass diese Kaffeemaschine trotzdem alle Ingredienzien eines Wunders besitzt: Sie zaubert uns aus Wasser und Kaffeebohnen das, was wir lieben. Und noch mehr: Sitzen wir im nebligen Hamburg, zaubert sie uns vielleicht eine Erinnerung an Italien, San Marco, Siena, Cinque Terre, schenkt uns mit ihrem Duft ein Lebensgefühl. Auf diese Weise wird sie auch ein bisschen zur Zeitmaschine.

Jede Maschine, absolut JEDE Maschine, hat so eine Geschichte. Und da eine Geschichte nichts anderes macht, als das Wunderbare, das jedem und allem innewohnt, hervorzuholen, bedeutet dies also nichts anderes, als dass jede Maschine, absolut JEDE Maschine, ein Wunder in sich trägt."

Der Zauberer wirft seine Faust in Richtung des Tisches und augenblicklich verschwindet die Kaffeemaschine. „Meine Damen und Herren, ich benötige Ihre Hilfe. Wenn ich mit dem Finger schnipse, bitte ich Sie, an eine Maschine zu denken." Und beim letzten Wort schnipst der Zauberer mit dem Finger. Streckt seine Arme ins Publikum, als würde er dort etwas von einer imaginären Wäscheleine holen, hat etwas gefunden und lässt es nun, indem er rückwärts geht, langsam auf die Bühne schweben, bis es den Tisch erreicht hat, wo es landet. „Oho, was haben wir denn da? Sieht sehr interessant aus. Weiß jemand, was das ist?"

Eine Frau in der siebten Reihe erhebt sich und ruft: „Das war wohl ich! Verzeihung! Es ist ein Blutdiagnosegerät, an das ich vor einer Stunde noch angeschlossen war. Deshalb war es wohl sofort in meinen Gedanken und …"

„Nun ja, ein Blutdiagnosegerät ist natürlich ungleich wichtiger, und ebenso spannend wie eine Kaffeemaschine … Schauen wir mal, was es uns zu erzählen hat."

Der Zauberer stellt sich hinter das Gerät, schließt seine Augen und umfasst das metallene Ding. Plötzlich geht von der Maschine ein Licht aus, das immer heller, gleißender wird, bis es so stark ist, dass alle, bis zur letzten Reihe, geblendet die Augen schließen müssen. Und im selben Augenblick erscheint im Inneren eines jeden Menschen im Saal die unglaubliche Geschichte dieser metallic glänzenden Maschine …

Für den Flying Doctor ist es ein gewöhnlicher Arbeitstag im Regenwald von Venezuela. Er und sein Helfer ordinieren in einer Hütte aus fantastischem Flechtwerk.

Es sind schon einige Patienten da, als plötzlich eine außergewöhnliche Erscheinung in die Hütte eintritt, der alle anderen sofort den Vortritt ließen. Es ist ein Indianer, stolz, edel, der in seinen Armen sein Kind, vielleicht drei Jahre alt, trägt.

Er trägt es nicht wie ein krankes Kind – die Art, wie er es in seinen Händen hält, verleiht dem Kind etwas Göttliches: Es war ein Geschenk des Himmels gewesen und nun schickt sich der Himmel an, es wieder zu nehmen.

Er geht geradewegs auf den Arzt zu und legt ihm sein Kind in den Arm. Mit wenigen Worten erklärt er in seiner Sprache den Zustand des Kindes, einer übersetzt, und der Arzt beginnt mit seiner Untersuchung.

Nach kurzer Zeit steht der Arzt auf, geht zum Flugzeug und kommt mit einer Kiste zurück. So wie vorhin der Indianer mit wunderbarer Reinheit sein Kind hatte erscheinen lassen, mit ebensolcher Dramatik und Überzeugung holt nun der Arzt aus der Holzkiste ein silberfarbenes Kästchen hervor. Nachdem er es an Batterien angeschlossen hat, werden alle, die in der Hütte stehen, drei Weiße und vielleicht zehn Indianer, Zeugen eines seltsamen Dialoges zwischen diesem glänzenden Ding, dem Arzt und dem kranken Kind, das bewegungslos und ruhig daliegt und sich nun auch ohne Klagen Blut abnehmen lässt, das – einer Blutsbrüderschaft gleich – der Maschine zugeführt wird. In der westlichen Welt ist ein derartiger Apparat etwas Gewöhnliches, Teil medizinischen Alltags, aber hier, inmitten des Regenwaldes, inmitten dieser Hütte und dieser Menschen, erscheint es nicht mehr wie ein normales Gerät, sondern wie ein Bote aus einer anderen Welt, der mit seinem kleinen blinkenden Bildschirm, dem leisen beruhigenden Surren einen geheimnisvollen Kontakt zu dem Kind aufgenommen, und es tatsächlich den Anschein hat, als gäbe es da eine Verbindung, die niemand wahrzunehmen imstande ist.

Nach einer Weile, in der nur das Atmen der beiden, des kranken Kindes und der Maschine, zu hören ist, erscheint am Bildschirm eine Nachricht. Der Arzt nickt zufrieden, kramt in seinen Taschen nach Ampullen und Röhrchen, verabreicht dem Kind zwei Spritzen, erklärt dem Vater die Dosierung der Medikamente, nimmt das Kind und legt es diesem wieder in die Arme.

In den folgenden Sekunden geschieht etwas Seltsames: Mit einem Mal strahlt ein Licht, ein nie zuvor gesehenes Licht von draußen herein, der Indianer wendet seinen Kopf nach oben, zum Himmel, in einer Geste aus Dankbarkeit, Stolz, und Demut. Das Licht scheint zu sagen: Hier seht, es lebt!

Nun sieht er zum Arzt und sein Blick ist ein warmer Strom, der den Mann mit Dank und Liebe umgießt, und dann sieht er zu dem silbernen Kästchen, das nun ganz still, ohne eine Regung, auf dem Lehmboden der Hütte steht. Er dankt auch diesem kaltglänzenden Ding, das unter seinem Blick einen eigenartigen Schimmer erhält …

Lachend sagt der Arzt, und ist sich nicht bewusst, welche Wirkung seine Worte haben werden: „Danken Sie nicht mir, ohne mein neuestes Maschinchen wäre dieses Wunder nicht möglich gewesen!"

Und der Indianer antwortet etwas, das übersetzt wird mit: „Ich weiß". Dann dreht er sich um und verschwindet mit seinem Kind im Wald.

Auf dem Rückflug reden der Flying Doctor und sein Helfer noch lange über diesen Vorfall. „War'n verdammtes Glück, dass das Ding gerade heute mit der Post gekommen war", sagt der Arzt, „und verdammtes Glück, dass der Vater gerade an diesem Tag mit seinem Kind aufgetaucht ist – die Krankheit des Kindes wäre sonst nie zu erkennen gewesen."

Drei Tage später ruft in der Basisstation jemand aufgeregt nach dem Flying Doctor – er solle rasch zum Eingang kommen, er würde nicht glauben, wer dort steht.

Es ist wirklich kaum zu glauben: Dort steht die „Erscheinung", der Indianer aus dem Busch – musste wohl zwei

Tage und zwei Nächte ohne Unterbrechung gerannt sein – steht da und hält wieder etwas in seinen Armen. Diesmal etwas, das wie ein kleines Paket aus einem geschmeidigen Pflanzenblatt aussieht, zusammengehalten von den starken Sehnen einer Liane. Er fragt, einer übersetzt und zunächst versteht niemand. Er fragt nach einem Zauberkasten. „Das Diagnosegerät", ruft endlich der Helfer, „er meint das Diagnosegerät!" Der Arzt holt es aus der Kiste, die in einem Regal steht, stellt es auf den Tisch und gibt dem Indianer ein Zeichen, näherzukommen. Voller Ehrfurcht und sichtlich großer Freude überreicht er nun sein Geschenk – er legt es auf das silberne Kästchen. Als er das Lächeln der Weißen sieht, nicht etwa höhnisches, sondern ungemein gerührtes, steht in seinen Augen Ungläubigkeit und Unsicherheit – so als hätte er einen Fehler begangen.

„Es ist nur eine Maschine", sagt der Arzt, „sie kann sich über Geschenke nicht freuen. Es ist ein ... Ding ..., verstehst du?", und dabei nimmt er das Gerät in die Hand, dreht und kippt es, wohl um zu zeigen, dass es ganz dem Menschen ausgeliefert ist, nur das tut, was man ihm befiehlt.

Aber der Indianer lässt sich davon nicht beeindrucken, überlegt einen Augenblick und fragt dann sehr ernst: „Wo sind der Vater und die Mutter der Maschine?"

Die Ernsthaftigkeit seiner Frage spiegelt deutlich sein Verständnis der Welt wider: Alles, auch diese Maschine, müsse einen Schöpfer haben.

Die Menschen verstehen sofort, was er meint: Irgendwo musste tatsächlich irgendwann irgendjemand die Idee zu diesem Gerät geboren haben, die einem Kind im venezolanischen Regenwald das Leben gerettet hatte.

„Es klingt verrückt", lacht der Arzt, „aber warum fragen wir nicht den Hersteller, die haben ein Büro in Caracas."

Der Helfer, dessen Urlaub am nächsten Tag beginnt, bietet sich an, die Firma aufzusuchen, ihnen die ganze Geschichte zu erzählen und auch gleich sein Geschenk zu überbringen.

„Dieses Geschenk ist das wertvollste, das ein Yanomami-Indianer geben kann", sagt der Indianer mit allem Nachdruck, „und nur ich kann es überbringen."

Da sich der Indianer nicht abwimmeln lässt, fährt der Helfer des Arztes tatsächlich mit einem Mann, der in seinem Leben noch nie außerhalb seines Regenwaldes gewesen ist, nach Caracas.

Ein Manager, etwas verwirrt und unsicher, empfängt die beiden in seinem Büro. Auf dem Tisch hat er dasselbe Gerät aufgebaut, als würde er es ihnen zum Verkauf anbieten wollen.

Der Helfer erzählt die Geschichte, der Indianer steht die ganze Zeit neben ihm und starrt auf das Maschinchen, als würde er darauf warten, dass sein Bildschirm wieder aufleuchten, es Antwort geben und sein Geschenk in Empfang nehmen würde. Schließlich fragt er: „Ist er der Vater?", und zeigt auf den verdutzten Manager. „Nein", wird übersetzt, „er ist nur der Mann, der es dem Arzt geschickt hat."

Der Manager geht daraufhin wortlos zum Telefon und wählt eine Nummer. Zehn Minuten später kommt eine Frau, die sich als Chefin des Unternehmens vorstellt. Nochmals muss der junge Arzthelfer die ganze Geschichte erzählen. Als er fertig ist, lächelt sie und sagt: „Das ist eine gute Geschichte."

Nach der Rettung des kleinen Indianermädchens geschieht ein zweites Wunder: E-Mails, Telefonate jagen rund um den ganzen Erdball, um den Schöpfer des Diagnosegerätes wahrhaftig ausfindig zu machen. Und innerhalb weniger Stunden treffen tausende Mails von Mitarbeitern aus der ganzen Welt ein, die die Geschichte gelesen haben. Es hat den Anschein – zumindest für ein paar Stunden – als würde ein riesiges Unternehmen all seine Kräfte bündeln für ein einziges Ziel: die Spur einer gewöhnlichen Maschine, einer von hunderten, zurückzuverfolgen, um ein Geschenk, verpackt in geschmeidiges Lapachoblatt, seinem rechtmäßigen Besitzer zu überbringen.

24 Stunden später werden die Männer – der Helfer, der Indianer und der Übersetzer – noch einmal von der Chefin in ihrem Büro empfangen. „Sind Sie bereit für eine große Reise?", sagt sie lächelnd. „Sie werden die ‚Mutter', soviel wissen wir schon, dass es eine Mutter ist, der Maschine treffen und Sie werden ihr das Geschenk persönlich überreichen können!"

Und die drei Männer fliegen nach Europa. Genau sechs Tage nach dem Erscheinen des Indianers in der Hütte am Rande des Regenwaldes brechen sie zu jenem Ort auf, in dem vor einigen Jahren der Lebensretter des kleinen Indianermädchens entwickelt worden war.

24 Stunden später treten sie vor den Schreibtisch einer Wissenschaftlerin. Sie wendet sich langsam von ihrem Computer weg, dieser seltsamen Delegation zu und starrt die drei entgeistert an. „Verzeihen Sie", beginnt der junge Mann zu erklären, „das ist Tijupa, ein Stammeshäuptling der Yanomami-Indianer aus dem venezolanischen Regenwald. Das ist unser Übersetzer und ich habe diese Geschichte miterlebt, die uns jetzt zu Ihnen geführt hat." Und er erzählt ihr die Geschichte.

Sie starrt die Männer in einem fort an, den Indianer, sie holt kaum Atem und es ist schwer zu erraten, was in diesem Augenblick in ihrem Kopf vorgeht.

Der Indianer fragt nach dem Wort „Danke" auf Deutsch, das er, am Ende der Geschichte, sagt. Er sagt einfach „Danke", und in diesem Augenblick erscheint wieder dieses seltsame Licht, wie damals in der Hütte, das Licht, dem sich keiner entziehen kann. Er sagt es und dann – endlich – nach sechs Tagen, 11.000 Kilometer von seiner Hütte entfernt, in der sein Kind jetzt mit ruhigem Atem schläft – hält er dieses kleine Paketchen aus geschmeidigem Lapachoblatt, verschnürt mit hellbrauner Lianenschnur, in seiner Hand und reicht es der Wissenschaftlerin.

Das Licht, dieses gleißende Licht im Zaubertheater, wird schwächer, bis es ganz verschwindet. Noch immer steht der Zauberer hinter der Maschine und umfasst sie mit seinen Händen, ohne sie zu berühren. Die Zuseher reiben sich die Augen – wie lange hatte das Licht sie geblendet? Sie wissen es nicht.

Langsam lässt er nun die Hände von der Maschine weg über den Tisch gleiten, und mit jedem Zentimeter verliert das metallene Ding seine Form und seine Farbe, bis es sich gänzlich aufgelöst hat. Und für einen Augenblick, einen kurzen Augenblick sieht es so aus, als würde – verschwommen, unscharf, wie eingehüllt in einen Nebel – ein großer, stolzer Mann, ein Indianer, gemeinsam mit dem Zauberer über die Bühne gehen ...

Am neunten Abend erzählt der Zauberer, wie er einen Chip verzaubert ...

Kommt, ich habe hier einen Chip für euch, den ich – ohne Zauber, ohne Tricks – allein durch die Kraft der Geschichte verwandeln werde. So wird es euch gelingen, dem Alltag, dem Blick der Gewohnheit, dem Selbstverständlichen zu entfliehen und damit eine wahre Wunderwelt zu erfahren ...

„400 Menschen sitzen hier in diesem Raum", beginnt der Zauberer. „Die meisten sind zu zweit gekommen. Wahrscheinlich wird es noch ein paar geben, die sich kennen und sich hier zufällig getroffen haben. Aber ich werde Ihnen heute Abend beweisen, dass zwischen Ihnen allen, diesen 400 Menschen hier im Saal, noch viel mehr Verbindungen existieren."

Der Zauberer tritt in die Mitte der leeren Bühne. Schließt seine Augen, konzentriert sich. Das Licht wird schwächer, nun sind nur mehr seine Umrisse zu erkennen.

„Ich sehe die erste Verbindung", sagt er und seine Stimme klingt, als käme sie aus einer anderen Welt. „Es sind – drei, nein, da ist noch einer, es sind vier Menschen. Bitte erheben Sie sich."

Es wird hell im Zuschauerraum und vier Menschen erheben sich. Sie tun es wie von einer fernen Hand geführt, sie verspürten – werden sie später erzählen – ganz einfach einen inneren Drang dazu.

„Kennen Sie sich?", fragt der Zauberer aus dem Dunkel der Bühne. „Haben Sie irgendeine Ahnung, was Sie miteinander verbinden könnte?"

Die vier sehen sich an und schütteln den Kopf.

„Sie haben zu unterschiedlichen Zeiten dieselbe Schule besucht. Sie haben sich dort nie getroffen, aber waren natürlich verbunden durch gemeinsame Lehrer, benutzten dieselbe Toilette und …" – der Zauberer hält kurz inne – „zwei von Ihnen saßen sogar je acht Jahre lang im selben Klassenzimmer. Ich nehme an, Sie werden sich am Ende der Vorstellung viel zu erzählen haben! Danke."

Applaus brandet auf, als sich die vier den Namen ihrer Schule zurufen und es tatsächlich bei allen derselbe Name ist.

„Das ist heute eine interessante Gruppe", fährt der Zauberer fort und schließt wieder seine Augen. „Ich sehe schon eine weitere Linie, die quer durch den Raum führt. Diesmal sind es zwei, die aus den 400 herausleuchten. Und sie wissen es – jetzt! –, dass sie gemeint sind."

Im selben Augenblick erheben sich eine Frau und ein Mann. Sehen sich amüsiert verwirrt an. Die jeweiligen dazugehörigen Partner lächeln verlegen, es wird doch nicht …

„Nein, keine Angst", lacht der Zauberer und der ganze Saal hat denselben Gedanken und lacht mit.

„Haben Sie in den letzten sechs Monaten eine Reise gemacht?"

Beide bejahen.

„Sie, meine Dame, nach New York, und Sie, mein Herr, nach Mexiko."

Beide schütteln erstaunt ihren Kopf – stimmt!

„Sie sind beide von München abgeflogen."

Die im Scheinwerferlicht Stehenden sehen sich nur wortlos an, können nichts mehr sagen.

„Ihre Flüge gingen fast zur selben Zeit. Sie hatten beide ungefähr noch eine Stunde bis zum Boarding. Sie hatten Hunger. Worauf?"

Und wie aus einem Mund antworten der Mann und die Frau: „Austern."

„Genau: Es waren Austern. Und die gibt es am Flughafen München nur in einem einzigen Lokal. Und genau dort, in diesem Lokal, standen Sie hintereinander an der Kassa. Für ein bisschen mehr als eine Minute."

Der Applaus ist ein Orkan. Die beiden Austernliebhaber winken sich zu. Es wird aufgeregt getuschelt, was wohl als nächstes ans Tageslicht kommen werde …

Der Zauberer, nun wieder im Rampenlicht, dankt und bittet um Ruhe. „Wir könnten nun den ganzen Abend mit solchen Verbindungen und deren Geschichten verbringen, aber das soll nur die Ouvertüre gewesen sein – ich habe, als ich die Bühne betrat, eine noch fantastischere Zusammenfügung von unterschiedlichsten Geschichten in diesem Raum hier gespürt und entdeckt. Sind Sie bereit für etwas Größeres, Umfassenderes, für etwas, was eines jeden Alltag durchdringt?"

Er schließt seine Augen, konzentriert sich. Das Licht wird schwächer, nur mehr seine Umrisse sind zu sehen.

„Ich spüre eine Frau in diesem Raum, die uns eine Geschichte erzählen will. Ich freue mich schon darauf. Bitte, die Bühne ist Ihre!"

Es wird langsam heller im Zuschauerraum und da steht sie: eine junge, hübsche Frau. Sie steht da und weiß nicht, wie ihr geschieht. Sie blickt verwirrt auf ihre Freundin, mit der sie diesen Abend im Zaubertheater besucht. Sie hat keine Ahnung, welche Geschichte der Zauberer meint, die sie erzählen soll. Sie ist eine ganz gewöhnliche Arbeiterin. Sie wohnt in einer Zweizimmerwohnung am Rande einer großen Stadt. Sie spielt einmal in der Woche Tennis. Sie hat zwei Brüder. Sie fährt einen Opel. Für Juli hat sie bei Hofer-Reisen eine Woche Mallorca gebucht.

„Ich bitte nun die aufzustehen, die mit Saskia – das ist doch Ihr Name? – verbunden sind."

399 Menschen erheben sich von ihren Sitzen. Die Besucher blicken sich verwirrt um: Das kann doch nicht sein! Einige würden gerne lachen, unterdrücken es dann aber

doch, da mit einem Mal eine unglaubliche, eine zum Greifen nahe Spannung über dem Theater liegt.

„Bitte setzen Sie sich", ruft der Zauberer in das laute, aufgeregte Gemurmel im Publikum. „Natürlich sind Sie nun neugierig, zu erfahren, auf welche Weise Sie mit Saskia verbunden sein sollen. Ich bitte Sie noch um ein wenig Geduld – ich möchte Ihnen die Gelegenheit geben, vielleicht selbst die Lösung des Rätsels zu finden. Saskia, darf ich Sie bitten, zu mir auf die Bühne zu kommen?"

Der jungen Dame ist es sichtlich unangenehm, vor so vielen Menschen auf der Bühne zu stehen.

„Keine Angst, Sie brauchen nichts weiter zu tun, als mir zu helfen, ein paar Bilder herbeizuzaubern."

Ein Stuhl wird gebracht und Saskia setzt sich in die Mitte der Bühne. Der Zauberer fährt ihr mit einer raschen Handbewegung über den Kopf und sie fällt in einen tiefen Schlaf.

Auf der Bühne und im Zuschauerraum wird es dunkel.

„Saskia", sagt der Zauberer mit leiser Stimme, „wir werden nun die Zeit anhalten. Nur für eine Sekunde. Niemand außer uns hier im Saal wird es merken, vielleicht noch die diensthabenden Ingenieure der Atomuhr in Braunschweig. In dieser einen Sekunde werden Sie mit sechs Menschen in sechs Ländern auf allen Kontinenten verbunden sein und Sie werden uns von diesem Augenblick erzählen."

Saskia sitzt da und alle Augen sind auf sie gerichtet. Plötzlich beginnt sie zu sprechen.

„In Harrisville, 15 Kilometer südlich von Durban in Südafrika, startet Kaiman Tutu, 261 Tage nachdem er die Schule in seiner Township abgeschlossen hatte, in ein neues Leben: Er steht an seinem Arbeitsplatz, einem Stahlwerk, an einer computergesteuerten Maschine, die große Stahlstücke millimetergenau schneidet. Es ist der Augenblick, in dem er zum allerersten Mal selbstständig den Knopf drückt, um die Maschine in Gang zu setzen. Er ist unglaublich stolz auf sich."

Saskia holt tief Atem und spricht weiter:

„John Crossbert nimmt die Ausfahrt Brisbane City Center in Australien. Er fährt mit 35 Meilen in der Stunde. Er dreht sich kurz zu seiner im Fond sitzenden Tochter Cathy um, weil sie nach ihrer Flasche fragt. Als er sich wieder zurück zur Straße wendet, sieht er vor sich einen in der Autobahnschleife im Stau stehenden Sattelschlepper. In diesem Augenblick tritt John das Bremspedal voll durch und verreißt das Lenkrad. Das Fahrzeug schleudert nicht, es kommt, dank einer elektronischen Stabilitätskontrolle, rechtzeitig zum Stehen. Cathy nuckelt an ihrer Flasche."

Nun scheinen die Bilder immer schneller zu kommen.

„Ich sehe Marijke van der Bergen. Sie ist 89 Jahre alt und lebt in einem Altenheim in Bussum, 23 Kilometer südlich von Amsterdam. Ihr Lieblingsenkel Frank ist auf Besuch und hat ein Geschenk mit dabei. Eigentlich sind es zwei, denn er hat auch eine freudige Nachricht mitgebracht: Zuerst überreicht er seiner Großmutter das allerneueste elektronische Hörgerät und dann flüstert er ihr als Überraschung ins Ohr, dass er gestern die letzte Prüfung seines von ihr finanzierten Studiums geschafft hat.

Wir sind in China. Wir sind auf dem Uni-Campus von Sichuan. Es ist Mittag, kurz vor zwölf Uhr. Ein Mädchen, Lee Sing Yong, sitzt dort unter einem Baum. Sie hat ein Gefühl, als würde die Zeit stillstehen. Sie ist verliebt. In Wang. Und schreibt gerade ein SMS. Drückt in diesem Augenblick auf ‚Senden' und Sekunden später erfährt Wang, dass er Vater werden wird.

Allan Dodd ist Fotograf. Er hat Dienst beim Finalspiel der US-Basketball-Liga in der Fifth Third Arena von Cincinnati,

Ohio. Es ist noch genau eine Sekunde bis zum Schlusspfiff. Das weiß Allan und drückt auf den Auslöser seiner Nikon. In diesem Augenblick hört er ein unfassbar lautes Geschrei. Schaut auf den Bildschirm seiner Kamera und sieht dort den alles entscheidenden 22-Fuß-Wurf von Matt Barnes, der damit den Sieg seiner Mannschaft in allerletzter Sekunde fixiert. Am nächsten Morgen wird auf dem Titelblatt der Cincinnati Times, Allans Arbeitgeber, ein sensationelles Foto zu sehen sein.

Aufgeregtes Rufen. Hektisches Hin und Her. Im Emergency Room des Krankenhauses von Cochin in Südindien kämpfen Ärzte und Schwestern um das Leben eines Jungen. In diesem Augenblick rattern die Ergebnisse aus der Maschine, die neben seinem Bett steht. Sie zeigen an, dass er eine Vergiftung hat. Die Ärzte spritzen ihm sofort ein Mittel, das den 10-jährigen Khannan wieder zurück ins Leben bringen wird."

Die junge Frau auf dem Sessel in der Mitte der Bühne hat noch ihre Augen geschlossen. Das ganze Theater ist in eine schier unerträgliche Spannung gehüllt. Es herrscht eine solche Stille, dass man Saskias ruhigen Atem hört. Regelmäßig hebt und senkt sich ihr Brustkorb.

Der Zauberer stellt sich neben Saskia und sagt: „Längst ist der Sekundenzeiger wieder vorwärts gerückt, als wäre nichts geschehen. Es war nur eine Sekunde im unendlichen Universum, die sieben Menschen miteinander verknüpfte, ohne dass auch nur einer davon irgendetwas ahnte. Weder Lee in China noch John in Australien, weder Kaiman in Südafrika noch Khannan in Indien, weder Allan in den USA noch Marijke in den Niederlanden ahnten, dass sie in dieser Sekunde mit Saskia verbunden waren. Und da alle hier im Saal ebenfalls in Verbindung zu ihr stehen, wart ihr es folglich auch. Und übrigens: Solltet ihr es noch nicht erraten haben, was euch verbindet: Saskia arbeitet in der Herstellung von Mikrochips – Millionen von diesen kleinen Wunderdingern gehen durch ihre Hände. Sie stecken in euren Mobiltelefonen, Uhren, Autoschlüsseln und in einem Herzschrittmacher hier im Saal. Und sichtbar gemacht wurden diese fantastischen Zusammenhänge durch den Atem der Geschichte, die Saskia und ich euch heute Abend erzählten ..."

Am zehnten Abend erzählt der Zauberer, wie er das Glück verzaubert …

Kommt, ich habe hier das Glück für euch, das ich – ohne Zauber, ohne Tricks – allein durch die Kraft der Geschichte verwandeln werde. So wird es euch gelingen, dem Alltag, dem Blick der Gewohnheit, dem Selbstverständlichen zu entfliehen und damit eine wahre Wunderwelt zu erfahren …

Während eines privaten Essens, zu dem der Zauberer geladen ist, kommt, nach einer netten Plauderei, die Rede auf das Glück. Philosophische Fragen tauchen auf – und gehen wieder unter. Jesus, Buddha und Mohammed betreten den Raum – und ziehen unverrichteter Dinge bald wieder ab. Glücksgefühle werden beschrieben – und von der Ratio zerzaust.

Bis einer sagt: „Ich glaube, wahres Glück steht immer in Verbindung mit Liebe. Denkt doch mal nach: Glück muss durch etwas ausgelöst werden, und soweit ich mich erinnern kann, war dies bei allem … Liebe! Eine Geburt: Materialisation von Liebe. Der Blick von einem Berggipfel: Liebe zur Natur. Ein Gebet: Liebe zu Gott."

„Wenn wir großes Glück haben", lacht eine Frau, „dann wird uns unser Gast, der Zauberer, nach dieser anstrengenden Diskussion vielleicht noch eine andere Antwort herbeizaubern!"

„Mit größtem Vergnügen", sagt der Zauberer spontan, „denn da ich meine Arbeit liebe, gehört dies zu meinem größten Glück!"

Er erhebt sich von seinem Stuhl und sieht sich um. Sein Blick fällt auf eine junge Frau mit einem auffallenden Hut.

„Was für ein schöner Hut" – und er stellt sich neben sie –
„und was für ein Glück, denn – Sie werden es nicht wissen –
es ist ein Zauberhut! Zumindest jetzt wird er es für mich
sein." Alle lachen, auch die junge Frau, das klingt einfach
zu komisch.

Der Zauberer fragt: „Sie gestatten?", und hebt vorsichtig
den Hut von ihrem Kopf und wirbelt ihn in die Luft, sodass
er sich mehrmals um die eigene Achse dreht. Als er ihn
wieder in seinen Händen hält, lässt er die Besitzerin einen
Blick in das Innere werfen und ... „Das gibt's doch nicht!",
ruft sie erstaunt und begeistert aus: Ihr Hut ist mit einem
Mal gefüllt mit glitzernden Münzen! Die Zuseher applau-
dieren frenetisch.

„Freut euch nicht zu früh, es sind keine Goldstücke,
die ich jetzt unter euch verteilen werde. Auf jeder dieser
Münzen steht eine Antwort auf die Frage nach dem Glück
geschrieben. Ihr greift hinein und zieht die Einzelteile für
ein Spiel, das wir damit in Gang setzen werden. Ein Glücks-
spiel – eine Lotterie, deren Ausgang völlig offen ist."

Der Zauberer geht mit dem gefüllten Hut zu dessen
Besitzerin: „Sie dürfen die erste Münze ziehen!"

Aufgeregt greift sie hinein und zieht eine rotschim-
mernde Münze. Dreht sie um und liest laut vor, was darauf
geschrieben steht: „Prinzessin!" – entsprechende Kommen-
tare kommen von allen Seiten, wie man sich vorstellen kann ...

„Eine Prinzessin", wiederholt der Zauberer, „das klingt
schon recht gut. Und klingt nach wahrem Glück." Und er
geht weiter. Bleibt bei dem Mann stehen, der am meisten
lacht, wohl weil er dies alles nur für eine witzige Show hält.
„Bitte, spielen Sie Glücksengel und holen Sie etwas aus dem
Hut, das eine wichtige Rolle spielen wird bei dem, was gleich
passieren wird."

„Sie meinen, Sie lassen mich mitspielen bei einem Ihrer
Tricks?" – der Mann greift demonstrativ gelangweilt und
genervt in den Hut und zieht ... eine Dreizehn.

„Interessant", sagt der Zauberer. „Sie haben eine Zahl gezogen. Irgendeine? Oder hat es mit der Dreizehn und Ihnen etwas auf sich?"

Der Mann ist ein bisschen blass geworden, spielt nun nicht mehr den Überheblichen. Leise sagt er: „Ich bin an einem Dreizehnten geboren und habe an einem Dreizehnten geheiratet. Meine Promotion, mein erster Arbeitstag, die Geburt meines ersten Kindes – alles an einem Dreizehnten. Ich würde gern sagen: ein seltsamer Zufall, wenn ich nicht genau wüsste, dass es keiner ist."

„Sie haben recht", lacht der Zauberer, „es ist keiner. Sie haben eine besondere Beziehung zu dieser Zahl. Zimmer im Hotel, reservierte Tische in Restaurants, Sitzreihen in Flugzeugen."

Der Mann wird noch ein bisschen blasser – „Woher ... wissen ... Sie?"

Der Zauberer geht weiter durch die Reihen. Als nächstes greift eine Frau in den Hut. „Ich habe etwas komisches gezogen", lacht sie, „Schafhirte."

Nach drei weiteren Griffen in den Hut liegen „Mond", „Weg" und „Hans (natürlich der im Glück ...)" auf dem Tisch. „Das ist eigentlich schon genug", ruft der Zauberer vergnügt und will mit dem Spiel gleich beginnen.

„Moment, ich will auch noch" – ein kleiner Junge kommt gelaufen und greift nach dem Hut.

„Bitte, wenn du unbedingt willst, es wird schon seine Bedeutung haben ..."

Der kleine Bursche lässt seine Hand im Hut verschwinden, rührt kräftig in dem Haufen Münzen um und hat endlich einen glitzernden Taler in der Hand.

„Lass sehen, was du gezogen hast" – der Zauberer nimmt die Münze und verkündet, nach einer kurzen spannungsvollen Pause: „Glücksfee." Die Runde lacht, das klingt schon sehr nach einem Märchen, rufen einige.

„Das klingt nicht nur nach einem Märchen", sagt der Zauberer, „das wird eines." Und mit seinem letzten Wort schleudert er den Hut hoch, wie ein Konfettiregen wirbeln die glitzernden Münzen durch die Luft, und als eine jede der Münzen an dem Punkt angekommen ist, an dem die Schwerkraft sie nach unten zu ziehen hätte, halten sie inne, wie man den Atem anhält – und das tun die Gäste nun auch, starren fassungslos, entgeistert auf die in der Luft stehenden Münzen, jede mit einer Antwort auf die Frage nach dem Glück. Und ein Licht, ein seltsames Licht, zieht die Menschen mitten in ein Märchen hinein, das sie selbst gewürfelt hatten ...

... denn plötzlich ist der Bursche, vor einem Augenblick noch braver Schafhirte, unversehens in ein Märchen geschleudert ...

21 – Der Bursche zählt Schafe vor sich hin – aber nicht, um Schlaf, sondern um die richtige Zahl zu finden, die sein Glück bedeutet: Alle Schafe sind noch da!

22 – Plötzlich stolziert auf dem Weg eine Erscheinung daher, feengleich, engelshaft, wie erster Sonnenstrahl am Meeresstrand.

23 – Die Erscheinung lächelt und dem armen Jungen schwinden fast die Sinne: nicht nur wegen ihres Lächelns, wegen ihrer Augen, sondern auch ihrer Formen wegen.

24 – Die Erscheinung wirft ihm einen Blick zu, der ihn augenblicklich fesselt und ihn starr bewegungslos in das Weltall katapultiert.

25 – Unsagbar lange vier Sekunden ist sie nun schon in seinem Leben, doch er spürt in ihrem Lächeln eine seltsame Traurigkeit und er fühlt in ihrem Blick eine Frage ...

26 – ... die er ihr gerade beantworten, zu ihr treten, sie berühren will, was aber nicht geht, weil er doch gefesselt und starr bewegungslos im Weltall schwirrt. Und als er endlich wieder landet, ist das Mädchen schon aus dem Bild verschwunden.

32 – Hab ich geträumt?, fragt sich der Bursche.

33 – Hört er eine Stimme wie aus weiter Ferne rufen: Lauf morgen in die Stadt und höre, was dort verkündet wird!

34 – 13 Sekunden sind vergangen und sein Leben ist ein anderes, unversehens in ein Märchen geschleudert …

Was kümmert einen Burschen, der seine Schafe liebt und für jeden Augenblick seines Lebens das Glück zu hüten scheint, was sich in der fernen Stadt abspielt? Doch aufgeweckt durch die gerade erlebten Sekunden, die ihm wie ein Traum erschienen, rennt er in die Stadt und hört es nun: vom König und seiner Not. Die Not bereitet ihm die Tochter. Die Prinzessin. Zwar gesegnet mit allem, was die Zauberstäbe der Feen und Boskabauter zu vollbringen vermochten – Schönheit, Klugheit und dank Gottes Gnaden auch manch Schatzkistchen –, doch was nützt dies alles, wenn das Kind einfach nicht glücklich sein kann, die Tage sich wie ein grauer Schleier über sie legen.

Alle Wesen des Märchenreiches waren damals an die Wiege geeilt, die Prinzessin – wie es sich gehört – mit ihrem Sternenglitzer zu umhüllen. Einzig die Glücksfee war nicht erschienen.

Die hatte sich – immer schon engagiert in sozialen Fragen – geweigert, nur des hohen Standes wegen einem Kind ewiges Glück zu zaubern. Stattdessen hatte sie beschlossen, in einen armseligen Stall einzukehren, in dem gerade eine Magd ihren neugeborenen Jungen glücklich in den Armen wiegte.

Und nun kann man dies wahrlich Märchenhafte schon erahnen: Der Junge – richtig – war der wunderhübsche Schafhirt, dessen Leben von diesem Tag an in die reichsten Farben des Glücks getaucht sein sollte …

Aber zurück zur Not des Königs. Schnell in Erfahrung gebracht, weiß der Bursche, wie der König seit geraumer Zeit versucht, sein Leid zu lindern: „Hiermit wird kundgetan, dass derjenige die Prinzessin zur Frau erhält, der es vollbringt, ihr, und somit mir und somit uns, wahres Glück zu schenken!"

Um den sowieso schon komplizierten königlichen Tagesablauf nicht noch mehr zu belasten, wurde weiters festgelegt, dass ab sofort täglich (außer sonn- und feiertags) von 20 bis 24 Uhr die Prinzessin für Versuche, ihr höchstes Glück zu schenken, zur Verfügung stehe.

Von nun an ging es rund in der Stadt und im Palast! Gezählte 751 Männer und acht Frauen (!) hatten es bislang versucht – vergeblich. Sie hatten sich mit Kutschen voller Gold und Hosen voller Kraft beworben. Hatten Glück in Versen beschrieben und in Liedern besungen. Es kamen von Schönheit Geküsste und von Hässlichkeit Geschlagene.

759 waren hoffnungsvoll gekommen und 759 waren nach Mitternacht entmutigt davongeschlichen: keine Spur von Glückseligkeit auf dem Antlitz der Prinzessin ...

„Wie", so denkt sich der Schafhirte, während diese gestrigen 13 Sekunden wie ein rot pulsierender Planet auf einer Umlaufbahn um sein Hirn kreisen, „wie nur kann ich dies Märchen wahr werden lassen ..."

So sitzt er zwischen seinen Schafen und zählt, als – noch nie zuvor passiert während der Arbeit – ihm mit einem Male ist, als würde er hinüberwandern in das Reich der Träume: Als erstes kommt – klar, völlig natürlich, seltsam, wenn es anders wär – die Prinzessin – nackt – dahergehopst und schlingt ihren warmen, wunderschönen Purpurkörper um den seinen.

Aber dieses Bild wird jäh zerrissen, als plötzlich von links etwas heranschwebt: ein hauchdünnes, wie aus feinstem Sternenglitzer gewebtes Gewand, in dem ein Wesen steckt, das ebenfalls mit allen guten Gaben Gottes ausgestattet ist – daran besteht kein Zweifel. Welch Glück, denkt sich der Bursche, der sich ja immer noch in einem Traume wähnt.

„Es ist kein Traum", hört er jetzt das Wesen flöten, während es sich – schwerelos – auf seinem Schoß niederlässt und ihn sanft mit seinen Armen – unspürbar – umfasst.

„Vor 23 Jahren warst du auserkoren, das Zauberlicht des Glücks zu empfangen. Nun hat man mich gesandt – frage nicht wer –, dieses Märchen, das längst begonnen hat, zu vollenden und es damit wahr werden zu lassen!"

Der Schafhirte starrt verdutzt, kein Wort hat er verstanden, sieht zu, wie sich zeitlupig langsam der Arm des Zauberwesens in sanften Kreisen über ihn bewegt und ein feiner Regen, wie Millionen von Sternschnuppen, sich über ihn ergießt.

Nur einen Lidschlag später, mit einem leisen „Ping", ist die Gestalt verschwunden, verflogen, verflüchtigt wie Morgentau im Herbst. Und wie erwacht aus einem jahrelangen Traum, weiß der Bursche plötzlich alles: Sieht strahlend klare Bilder. Hört Stimmen, die sein Inneres wie sphärische Musik durchdringen.

Es ist der 760. Tag der Brautwerbung. Um 19.58 Uhr erscheint im Schloss des Königs ein wohl gekleideter, junger Bursche.

(Wenn ihr euch nun fragt, wie ein Schafhirte ruck-zuck zu solch edlen Kleidern kommt, so bedenkt, dass die gesamte Märchengesellschaft nun dem Geheiß der Glücksfee folgt. Daher auch die Weber und Schneider des ganz besonderen Stoffes aus „Des Kaisers neue Kleider". Nur allzu gern waren sie bereit gewesen, dem Helden dieses Märchens ein

Kleidungsstück zu verpassen, dem nichts und niemand zu widerstehen imstande sein wird ...)

Keinem der 49 versammelten, wartenden, schon leicht genervten Freier wäre auch nur der Gedanke gekommen, den Neuankömmling daran zu hindern, an der Warteschlange vorbei, zum Eingangstor der Audienzhalle zu eilen, um dort heftig klopfend Einlass zu begehren.

Auch keiner der sonst gestrengen Wärter wagt das Wort an ihn zu richten. Mit tiefer Verbeugung, als wäre er schon König, gewähren sie ihm unverzüglich Eintritt.

Selbst der König, der, gelangweilt und verärgert ob der nervtötenden Prozedur, seiner Tochter das vorenthaltene Glück zurückzugewinnen, lustlos im Thronstuhl lungert, fährt hoch, als er den Jüngling erspäht, der mit sicherem Schritt, als wolle er nicht nur die Prinzessin, sondern die ganze Welt erobern, nun auf ihn zukommt.

„Wir haben auf dich gewartet", hört sich der Regent sagen, völlig erstaunt, verwirrt, wie dieser Satz auf seine Lippen kommt. „Doch bedenke, bis Mitternacht muss meine Tochter eine andere sein!"

Die Augen der Prinzessin haben sich zu schmalen Sehschlitzen verengt: Ihre Erinnerung beginnt ein stark pulsierendes SOS abzusetzen, den Burschen kennt sie, ihm hatte sie doch vor zwei Tagen auf dem Weg durch die Schafwiese eines ihrer raren Lächeln, einen ihrer seltenen Blicke geschenkt. Schon versucht ein Glücksgefühl, ein unwirklich kleines, zu ihrem Herzen vorzudringen, aber die grauen Bilder der letzten Jahre sind stärker und diktieren der Prinzessin eine Antwort: „Wenn es sein muss" – und lässt sich vom Schafhirt aus dem Thronsaal führen.

„Alles bereit", ruft die Glücksfee ihren Kollegen aus dem Reich der Märchen zu. „Nun wollen wir beweisen, dass das Märchen lebt und Teil der Wirklichkeit der Menschen ist!"

Das Paar tritt aus dem Schloss und geradewegs … geht es weiter in der vom Zauberer und seinen Gästen inszenierten Geschichte …

„Bin ich schon dran?!", fragt der Mond, den man aus seinem Halbschlaf holen musste, denn ein volles, pralles Silberlicht ist für Liebesszenen unentbehrlich. Und mit dem ersten Strahlen erklingt auch schon sein unvergleichlich unhörbares Lied, gleich einem Netz, gewoben aus tausend kitschig schönen Bildern, das die beiden gefangennehmen und sie zu der glücksgedeckten Tafel führen wird.

Die glücksgedeckte Tafel, an der schon alle Platz genommen haben: die vermeintlich bösen Stiefmütter, Edelmänner, Zauberwesen, die endlich aus ihren Rollen schlüpfen und ihr wahres Antlitz zeigen dürfen. Auch Hans, der sofort bereit war, seinen allergrößten Schatz für dieses Spiel zu teilen. Und inmitten dieser irrwitzig schönen Szenerie: die Glücksfee.
    „Komm", schenkt sie der Prinzessin Mut und Gewissheit, „nun ist auch für dich der Augenblick gekommen, an der glücksgedeckten Tafel Platz zu nehmen. Auch wenn du glaubst, alles wäre nur Zufall, wie selbstverständlich hier, so ist doch alles vorbereitet. Jetzt liegt es an dir, dein Glück zu erkennen und es selbst in die Hand zu nehmen. Sag, welche Zahl im großen Glücksroulette des Lebens ist der Schlüssel zum Schloss jener Tür, hinter der du alles finden wirst, wonach du dich immer schon gesehnt hast?"

Die Prinzessin, bereits gefangen von dem Burschen, dem Mond, dem ganzen Märchenspiel, weiß die Antwort, doch die letzten grauen Jahre haben noch nicht aufgegeben, flüstern ihr heimtückisch ins Ohr, diese Zahl, an die sie denkt, sei die Zahl des Verderbens, flüstern ihr ins Ohr, sie solle doch die brave Zwei, die liebe Acht erwählen, oder die erfolgreiche Zehn, doch nicht …

„DREIZEHN", ruft die Prinzessin und mit diesem Ruf scheinen alle Fesseln durchbrochen, scheint das Kind befreit vom Fluch.

„Nun denn", lacht die Glücksfee, „du hast gewählt!" Holt die Kugel hervor, die die Macht hat, über Glück und Unglück zu entscheiden.

Gebannt verfolgen alle Augen, wie die Kugel mit den Zahlen spielt. Schon hat es den Anschein, als würde die Bewegung endgültig zum Stillstand kommen – aber: Da erbebt die Kugel noch einmal durch eine Kraft, die aus dem Nichts aufzutauchen scheint, und kommt … auf der Dreizehn zur Ruhe!

Die atemlose Stille im Raum, die während des Märchens geherrscht hat, wird jäh unterbrochen: Die Gäste des Zauberers jubeln über das Happy End!

Bis der kleine Junge, der den letzten Taler gezogen hatte, aufgeregt auf die Uhr zeigt und schreit: „Es ist eine Sekunde nach Zwölf! Sie sollte doch vor Mitternacht ein Schoßkind des Glückes sein, das sagte doch der König."

In diesem Augenblick treten der Schafhirte und die Prinzessin durch das Eingangstor in die Audienzhalle des Schlosses. Weder der König noch der Hofstaat müssen nach der Erfüllung der Aufgabe fragen. Ein jeder sieht, erkennt und spürt: Das ist Glück! Und weiß: Hier ist ein Märchen wahr geworden …

Der kleine Junge fragt verdattert, als wäre er die letzten Minuten nicht im Raum gewesen: „Was ist geschehen? Wie ist das Märchen ausgegangen? Haben die beiden geheiratet?"

„Du kannst beruhigt sein" – und der Zauberer legt seinen Arm um die Schultern des Kindes – „die Prinzessin hat ihren Schafhirten bekommen. Oder umgekehrt!" Und in diesem Augenblick sitzt der auffallende Hut wieder auf dem Kopf der jungen Frau – so als wäre er niemals von dort fort gewesen ...

Am elften Abend erzählt der Zauberer, wie er die Liebe verzaubert ...

Kommt, ich habe hier die Liebe für euch, die ich – ohne Zauber, ohne Tricks – allein durch die Kraft der Geschichte verwandeln werde. So wird es euch gelingen, dem Alltag, dem Blick der Gewohnheit, dem Selbstverständlichen zu entfliehen und damit eine wahre Wunderwelt zu erfahren ...

Der Zauberer betritt die Bühne und ... schweigt. Er steht nur da und lässt seinen Blick ganz langsam von einem zum anderen schweifen, bis er jedes Augenpaar einmal erreicht hat. Beim letzten macht sein Blick wieder kehrt und pendelt in der gleichen Geschwindigkeit zurück – von einem zum anderen. In diesen Minuten fällt kein einziges Wort, nicht das geringste Geräusch ist zu hören, kein Husten, kein Sesselrücken, keine von beginnender Unruhe ausgelöste Bewegung, die vielleicht ein Knistern, ein Schleifen oder ein Wetzen erzeugen würde. Schwebte das Schweigen zunächst noch als spannungsvolle Ungewissheit im Raum, was denn nun gleich passieren würde – denn jedem war klar, dass es nur die Ouvertüre war für irgendetwas –, so ändert sich dieses Gefühl nun mit jedem weiteren Blick des Zauberers: Das Schweigen wird zu einem wohlig warmen Strom, der in das Innere eines jeden vordringt, sich dort langsam ausbreitet wie feiner Morgentau über einem See, jeden noch so kleinen Raum des Körpers erreicht und ihn mit seiner Wärme vollständig ausfüllt. War die Erwartung bis zu diesem Augenblick ausgerichtet auf die Sensation, das Sichtbarmachen von Unsichtbarem, das Möglichmachen des Unmöglichen, auf das hautnahe Miterleben eines Wunders, so spüren nun alle Anwesenden, dass die Sensation, das Unsichtbare, das Unmögliche, das Wunder, gerade in seinem Inneren zu wirken beginnt – im Schweigen, in diesem wohlig warmen Schweigen.

„Geschafft." Der Zauberer weiß, dass nun jeder seiner Gäste den Zustand erreicht hat, den es braucht, um in ihnen Bilder wachzurufen, die normalerweise die Denkpolizei aus Sicherheitsgründen sofort unter Verschluss nehmen würde.

Jene Bilder, die außerhalb der messbaren, prüfbaren Wirklichkeit der Menschen liegen, und von dieser Schutztruppe unerbittlich in einen mit „Märchen", „Fantasie" oder „Traum" gekennzeichneten Schutzraum verbannt werden, wo sie solange zu schmachten haben, bis sie übermalt oder ausradiert sind.

Der Zauberer vollzieht die erste Bewegung nach vielen Minuten: Er hebt seinen linken Arm – wie ein Dirigent, der sein Orchester auffordert, mit den ersten Takten der Musik zu beginnen. Und mit dem noch kaum hörbaren Einsetzen der Geigen und der Bratschen taucht ein solch unwirkliches Bild jenseits aller Vorstellungskräfte auf, wird klarer, schärfer, bekommt Farben, Schatten, Licht, bis es als Produkt der Wirklichkeit vor den Augen der Besucher steht.

Das Bild zeigt einen See in unvergleichbar schönen Farben. Und inmitten des blaugrünen Wassers ruht, wie eine Insel, eine gigantische Riesin unvorstellbaren Ausmaßes. Sie ruht dort, als würde sich ein kleines Menschenwesen in einer Badewanne räkeln. Ihr nackter Oberkörper mit wohlgeformten Brüsten lehnt sich entspannt zurück, ihre Knie ragen wie zwei steile Berge aus dem Wasser hervor. Ihre Augen, so groß, dass ein ausgewachsener Mann sich locker zwischen ihren Liddeckeln strecken könnte, sind sehnsuchtsvoll starr auf etwas in der Ferne gerichtet.

Es ist nicht die Stimme des Zauberers, die das wundervolle Schweigen verletzen würde, sondern etwas völlig anderes, Sprachloses, „Vibrations" würde man es mit einem englischen Wort nennen, mit dem er nun beginnt, die Riesin lebendig werden zu lassen.

„Sie kennt nur das Schweigen und die Stille, weil ihr nicht geschenkt ist, was sie fühlt und denkt und sieht, in Worte kleiden und sie versenden zu können, weil ihr nicht geschenkt ist, zu hören, was die Vögel, der Wind und die Wellen ihres Sees zu erzählen haben. Sie fühlt, ohne diese wohlige Wärme, oder diesen brennenden Schmerz benennen zu können, es ist in ihrem Inneren einfach da, wie feiner Morgentau über einem See, der jeden Raum ihres Körpers ausfüllt. Sie denkt, ohne das Gesehene, oder Gespürte bestimmen, vergleichen, einordnen und bewerten zu können – es existiert ganz einfach. Es ist.

Doch in dieses System des arglosen Dahinlebens, des unaufgeregten Ruhens und eines im Wiegebett der Zeit entspannenden Räkelns beginnt sich etwas Unvorgesehenes, Ungeplantes einzuschleichen. Etwas, das die Riesin nicht kennt, weil ihr innerer Plan es nicht kennt: Sehnsucht. Wie das Magma des Erdinneren einen Vulkan braucht, um die Kraft, die ihm innewohnt, herausexplodieren zu können, so strebt die Sehnsucht nach der Vereinigung zweier unendlich weit voneinander entfernter Punkte, zweier paralleler Geraden, will einen Stern in den Händen halten.

Das, was die Riesin wahrnimmt, seitdem sie sehen kann, liegt vor ihr in der Ferne. Für uns ist es Ferne, doch in der anderen Dimension von Größe sind es für sie nur ein paar Schritte.

Dieses Etwas hatte, wie alles andere auch, einfach nur existiert. Ist als Bild der Augen da gewesen. Doch mit einem Mal – für uns würde dies einen Augenblick bedeuten, doch in der anderen Dimension von Zeit, in der wir uns befinden, wären es wahrscheinlich Jahrtausende – hatte die Sehnsucht hinterrücks und ohne jede Vorwarnung mit ihrem Farbenspiel begonnen, alle Gesetze der Geometrie und Physik außer Kraft gesetzt und in der Riesin einen unbändigen Willen entstehen lassen, dieses Unbekannte zu benennen, diese wohlige Wärme, so wie wir es können, in ein Wort zu kleiden und es damit sichtbar zu machen. Nicht nur die Existenz des Gesehenen, Gehörten, Gespürten zu akzeptieren, sondern Wege zu finden, den Weltenraum zwischen zwei Planeten, den Ozean, den Bach zwischen Ratio und Gefühl zu überwinden."

In der nahen Ferne, inmitten unwirklich schöner grüner Hügel, sitzt ein Riese unvorstellbaren Ausmaßes. Er ruht dort, als würde sich ein kleines Menschenwesen auf einem Sofa räkeln. Sein nackter muskulöser Oberkörper lehnt sich entspannt zurück, sein linkes Knie ist angezogen, das andere, ausgestreckte Bein hat in den Wald eine Schneise geschlagen. Seine Augen, so groß, dass ein ausgewachsener Mann sich locker zwischen seinen Liddeckeln strecken könnte, sind starr in die Ferne gerichtet.

Wieder ist es nicht die Stimme des Zauberers, die das wundervolle Schweigen verletzen würde, sondern etwas völlig anderes, Sprachloses, „Vibrations", mit dem er nun beginnt, den Riesen lebendig werden zu lassen.

„Er kennt nur die Finsternis, weil ihm nicht geschenkt ist, was er fühlt und denkt und hört, in Worte kleiden und sie versenden zu können, weil ihm nicht geschenkt ist, zu sehen, was die Vögel, der Wind und die Bäume seiner Hügel zu erzählen haben. Er fühlt, ohne diese wohlige Wärme, oder diesen brennenden Schmerz benennen zu können, es ist in seinem Inneren einfach da, wie feiner Morgentau über einem See, der jeden Raum seines Körpers ausfüllt. Er denkt, ohne das Gehörte oder Gespürte bestimmen, vergleichen, einordnen und bewerten zu können: Er hört ein Singen und weiß nicht, dass es ein Vogel ist, er spürt etwas über seine Haut streichen und weiß nicht, dass es der Wind ist, er hört ein Flüstern und weiß nicht, dass es die Bäume seiner Hügel sind – alles existiert ganz einfach. Es ist.

Und so wie bei der Riesin wird auch beim Riesen etwas Unvorgesehenes, Ungeplantes lebendig. Etwas, das dem Riesen fremd ist, weil sein innerer Plan es nicht kennt: Sehnsucht.

Sehnsucht nach dem Unbekannten, das der Riese erahnt, seitdem er hören kann, dessen unerreichbare Ferne jedoch zu seinem Leben gehörte wie das Atmen und das Schlafen.

Doch mit einem Mal beginnt auch bei ihm die Sehnsucht hinterrücks und ohne jede Vorwarnung mit ihrem Farbenspiel und setzt damit alle Gesetze außer Kraft. Mit einem Mal entsteht auch im Riesen dieser unbändige Willen, dem Unbekannten näherzukommen, es in etwas zu kleiden, das er kennt, vielleicht mit den Stimmen, die sein Ohr erreichen, ohne dass er weiß, warum sie es tun. Und sein Verlangen wird immer größer, getrieben von einer Ahnung, dass seine Finsternis auch einen Klang besitzt – so wie das Streichen des Windes über die Haut untrennbar verbunden ist mit einem kaum hörbaren Lied."

Nun da die Bilder des Zauberers sich durch das Schweigen in den Köpfen manifestiert haben, unauslöschlich geworden sind, kann der nächste Akt der Illusion beginnen: Vom Herzen ausgehend lässt er die Bewegung seiner rechten Hand einen Halbkreis beschreiben, wie ein Dirigent, der sein Orchester auf den Schlussakkord vorbereitet und im Gleichklang mit dem Stoppen seiner Hand zum Verklingen bringt.

Nun sind die Zuseher genau in der Mitte des Weltenraumes, des Ozeans, des Baches, genau zwischen Ratio und Gefühl, zwischen dem inneren Schweigen und der rasenden Wirklichkeit angelangt. Und der Zauberer beginnt, so wie man nach Verweilen in der Finsternis sich zuerst mit

Kerzenlicht wieder an die Helligkeit gewöhnt, mit leiser Stimme fortzufahren:

„So wie das Magma nicht weiß, dass seinem unstillbaren Trieb zu explodieren bereits der Plan eines Vulkanes innewohnt, genauso wenig wissen Riesin und Riese, dass der Sehnsucht nach dem unbekannten Fernen längst die Erklärung für alles innewohnt.

Die Riesin spürt es als erstes: Als die Sehnsucht sie in der Mitte des Weltenraumes, des Ozeans, des Baches absetzt, nimmt sie ihren Herzschlag wahr, beginnt auf ihn zu hören, ja, zum allerersten Mal ‚hört‘ sie! Aus dem dichten Nebel, der sie bis jetzt umfangen hatte, tritt ihr Herzklang mit jedem Doppelschlag deutlicher hervor und durchströmt, erfüllt ihr Inneres. Und mit einem Mal nimmt sie wahr, dass dieser wunderbare Klang aus Teilen, aus einzelnen Tönen besteht und diese Töne ihr etwas zurufen. In dem Augenblick, in dem das Magma seinen Vulkan gebiert, sagt die Riesin ihr erstes Wort: Liebe.

Plötzlich hört der Riese ein Wort, das all den Klängen, die er bisher in seinem Leben gehört, allem, was ihn berührt hatte, ohne zu wissen, was es war, augenblicklich ihren Sinn gibt. Nichts ist mehr ein Rätsel, alles wird mit einem Mal klar und lässt die Finsternis verschwinden. Und in dem Moment, als das Magma seinen Vulkan gebiert, sieht der Riese sein erstes Bild: die Riesin."

Hier hält der Zauberer inne, macht langsam einen Schritt zurück zur Mitte der Bühne und ... schweigt. Er steht da und lässt seinen Blick wieder ganz langsam von einem zum anderen schweifen, bis er jedes Augenpaar erreicht hat. Beim letzten macht sein Blick wieder kehrt und pendelt in der gleichen Geschwindigkeit zurück – von einem zum anderen.

Sein Schweigen wird noch einmal zu einem wohlig warmen Strom, der in das Innere eines jeden vordringt, sich dort langsam ausbreitet wie feiner Morgentau über einem See, jeden noch so kleinen Raum des Körpers erreicht und ihn mit seiner Wärme vollständig ausfüllt. Kaum hörbar setzen Geigen und Bratschen ein und lassen ein unwirkliches Bild jenseits aller Vorstellungskräfte entstehen, das klarer, schärfer wird, Farben, Schatten, Licht erhält, bis es als Produkt der Wirklichkeit vor den Augen der Besucher steht:

Ein See. Blaugrün. Umgeben von sanften Hügeln. Eine Riesin, die sich langsam aus dem Wasser erhebt, ein paar Schritte macht. Ein Riese, der sich langsam aus den waldigen Hügeln erhebt und es ihr gleichtut. Dort, wo See und Hügel ineinander fließen, stehen sich die Riesin und der Riese jetzt gegenüber.

In diesem Augenblick wird die unbewohnte Insel Toawahu im Pazifischen Ozean nach einem heftigen Vulkanausbruch vom Meer verschlungen ...

Am zwölften Abend erzählt der Zauberer, wie er Wärme verzaubert ...

Kommt, ich habe hier Wärme für euch, die ich – ohne Zauber, ohne Tricks – allein durch die Kraft der Geschichte verwandeln werde. So wird es euch gelingen, dem Alltag, dem Blick der Gewohnheit, dem Selbstverständlichen zu entfliehen und damit eine wahre Wunderwelt zu erfahren ...

Es ist warm im Saal. Geradezu heiß. Einige Damen, obwohl in luftigen Kleidern, beginnen, sich mit Taschentüchern Luft zuzufächern. Die Herren, obwohl in Anzügen, engen Hemdkragen und Krawatten, sitzen bewegungslos daneben und spüren die feinen Schweißperlen, die sich ihren Weg über die Wangen und den Nacken suchen.

Auch der Zauberer, der in diesem Augenblick die Bühne betritt, hat mit der schweren, überhitzten Luft zu kämpfen, bevor er auch nur eine Bewegung getan hat. Während er sich langsam nach vorne schleppt, wirft er einen beschwörenden Blick auf die Heizkörper, die glühen, denkt, draußen schneit es bei Minusgraden und die Heizanlage wird wohl das Verhältnis der Außentemperatur zur Innentemperatur richtig berechnet, aber die 100 wärmestrahlenden Leiber nicht bedacht haben. Ihm wird immer mehr, als würde sich sein Hemd unter dem Frack in eine weiße, glitschige Sauce auflösen, der Stoff der Hose beginnt, sich mit den Innenseiten seiner Schenkel zu verkleben, als ihn, mit einem Mal, ein Gefühl des Hasses erreicht, das aus dem Saal heraufschwappt, ein Gefühl, das auch er schon verspürt, ein Hass auf diese Hitze, die den Schweiß aus den Poren treibt, auf den Hausmeister, diesen Idioten, der irgendetwas falsch gemacht haben muss, auf die Heizanlage, die verrückt spielt. Den Damen rinnt der Lidschatten davon, die Herren lassen nervös einen Zeigefinger zwischen Hemdkragen und Hals herumfahren, als würde das Erleichterung bringen.

Der Zauberer schwankt zwischen Abbruch und eigenmächtigem Ausflug in den Heizungskeller, als er, einer plötzlichen Eingebung folgend, beschließt, das Programm kurzfristig einer kleinen Änderung zu unterziehen, seinem Publikum, aber vor allem ihm selbst zuliebe. Aber nicht etwa, um dadurch die Hitze zu stoppen, ihr zu entfliehen – im Gegenteil, um wahrzunehmen, sich bewusst zu werden, was sich da im Saal gerade abspielt ...

Der Zauberer schließt die Augen und lässt dabei gleichzeitig beide Arme nach vorne schnellen, die, Pfeilen gleich, eisweiße Strahlen verschießen, die durch den Saal jagen und schlagartig die Temperatur um mindestens 30 Grad reduzieren – in Sekunden ist der Saal zum Franz-Josephs-Land mutiert, wissen die Frauen und Männer nicht, wie ihnen geschieht, gefriert mitten in der Bewegung das schweißdurchtränkte Taschentuch, verwandeln sich die Schweißperlen in glitzernde Eistropfen, die zu Boden fallen und dort mit leisem Klirren zerschellen.

„So", spricht der Zauberer und weißer Nebel dringt dabei aus seinem Mund, „würde es sich anfühlen, meine Damen und Herren, gäbe es die Wärme nicht, nach der wir uns ein ganzes Leben lang sehnen, wohl aus Erinnerung an das warme Wasser der Blase, in der wir heranwuchsen. Und nun werdet ihr erleben, wie man sich an den Worten eines Märchens erwärmen kann, wie seine Kraft uns von innen nach außen wärmt, bis alle Kälte vertrieben sein wird ...

Wenn das Märchen die Wirklichkeit in seine bunten Zauberarme nimmt, erwachen mit einem Mal die unendlich vielen Teile, aus denen sich das Ganze zusammensetzt, wird

Unsichtbares sichtbar und beginnt der Klang, der allem innewohnt, wie von allein in uns zu schwingen: Die Wiese wird zu einem Wunderwerk aus tausendfach Lebendigem, die Nächstenliebe wandelt sich zu einer Tat und ein einziges Wort schafft es, ein unfassbares Universum zu erklären.

Weil jedoch der Nebel der Gewohnheit die Wiese, das Gefühl, das Wort und alles andere, was uns im Leben begegnet, verhüllt, vertrauen wir dem Märchen, dass es durch seine Worte ein neues, anderes, wunderbares Licht über unseren Alltag werfe.

Wir werden also die Zauberkräfte des Märchens nützen und versuchen, mit seiner Hilfe einen Blick dorthin zu wagen, wo die märchenhaft seltsame Geschichte der Wärme, die, ist sie sanft, wir so lieben, ist sie aber heißblütig, wir so hassen, ihren Anfang nimmt …

Ja, die Geschichte, die ich euch erzählen will, beginnt vor langer, vor sehr langer Zeit. Sie beginnt in dem Augenblick, als Gott durch einen Knall, einen schrecklich lauten Knall geweckt wird. Während er sich noch verschlafen die Augen reibt, sieht er mit einem Mal ein blaues Kügelchen vor seiner Nase herumschwirren. Das kitzelt, und das Näschen juckt und ein gewaltiges Niesen ist die Folge. Was daraufhin aus Gottes mächtigen Nasenlöchern schießt, ist nicht gerade das Feinste, Dinge eben, die Nasen so produzieren: Braunes, Schwarzes, Flüssiges, Festes. Dinge, die jetzt durch den Weltenraum schwirren und, da gerade nichts anderes in der Nähe ist, sich auf dem blauen Kügelchen festsetzen.

Daraufhin erhebt sich Gott von seinem Thron, um besser zu sehen, was da vor sich geht, und im Aufstehen entfährt ihm ein gewaltiger Wind, der, anstatt sich im Sonnensystem zu verflüchtigen, sich ebenfalls auf der blauen Kugel niederlässt.

Neugierig nimmt Gott nun das Kügelchen zwischen zwei Finger, um es genauer zu betrachten, und sieht, dass das Ding auch ohne sein Zutun recht hübsch geworden scheint, viel blaues Wasser und dazwischen Land, geformt aus Steinen, die aussehen, als wären sie zu Silvester aus Blei gegossen worden.

Gestört wird diese Idylle, das erkennt der alte Herr sofort, durch das von ihm produzierte Zeug, das überall herumhängt. Was tun? Kurz überlegt er, dann lässt er zwei Finger schnipsen und alles, was die Schönheit dieser Schöpfung stört, ist im Inneren der Kugel verschwunden.

Wenn ihr euch nun fragt, was diese nicht gerade appetitliche Geschichte mit der Wärme, über die wir doch ein Märchen erzählen wollen, zu tun hat, so will ich euch erstens sagen, dass wir doch ganz an den Anfang wollten, und zweitens, dass wohl noch niemals zuvor so kurz, so klar und so einleuchtend erzählt worden ist, wie Kohle, Öl und Gas auf unsere Erde kamen ...

In dem Augenblick, als mit einem eleganten Wink der letzte Gestank von der blauen Kugel verjagt worden war, kommt der für Allumweltfragen verantwortliche Engel herangejagt und fragt, als er das blaue Kügelchen entdeckt: Was ist denn das?!

Keine Ahnung, antwortet Gott etwas kleinlaut, weil ihm das Ganze ein bisschen peinlich ist. Ich bin von einem Knall erwacht, da war es da und ich musste niesen und ... – habe aber alles wieder sauber gemacht!

Der Engel betrachtet den neuen Planeten von allen Seiten und ist entzückt: Das ist dir wirklich gut gelungen, ich würde sogar sagen, es ist das Schönste bisher überhaupt! Übermütig und nicht ahnend, welche Folgen dies für alle Schöpfung haben wird, gibt er der Kugel einen Schubs, woraufhin sie sich zu drehen beginnt und genau dort zu stehen kommt, wo das Scheinwerferlicht der Sonne sie erfasst.

Die beiden, Gott und Engel, schauen noch verzückt auf das, was sich da tut, als plötzlich (was ‚plötzlich‘ in der

Unendlichkeit des Himmels bedeutet, könnt ihr erahnen ...), im Zusammenspiel von Sonnenstrahlen und blauer Kugel, Magisches passiert: Aus dem Schwarz, aus dem Nichts, aus der Stille wird ... das LEBEN geboren! Als würden zur gleichen Zeit Millionen Explosionen an jedem noch so kleinen Punkt passieren, zieht es sich wie ein Netz um den Planeten, rast voran, alles, jedes Staubkorn, jeder Wassertropfen wird umschlungen und hineingezogen in die irrwitzig machtvolle Spirale, die LEBEN heißt und unauslöschlich, unaufhaltsam für immer Besitz von dem blauen Ding ergreifen wird.

Äh, warst DU das?, fragt der Engel, völlig baff darüber, was sich da innerhalb eines Wimpernschlages vor seinen Augen abgespielt hat.

Naja, wie soll ich's dir erklären, nicht bewusst, nicht geplant, ich hatte nicht darüber nachgedacht. Sagen wir einfach so, ich habe es geschehen lassen.

Sehr zufrieden mit sich (und wenn wir ehrlich sind, selbst ein bisschen verwirrt über die Geschehnisse, die überraschend und unvorhersehbar über ihn hereingebrochen waren ...) setzt Gott sich auf seinen Thron und ruft: Übrigens, jetzt fällt es mir gerade wieder ein, notiere bitte für die Himmelsakte: Das Ding soll Erde heißen!

An diesem Punkt der Geschichte beginnt eine Zukunft, die bis zum heutigen Tag seit Millionen und Abermillionen Jahren fast unverändert abläuft. Und wenn Gott nun gleich tief einatmen wird, um sich Kraft für den nächsten Akt zu holen, wird der Engel dies als Geburtsstunde der Geschichte der Wärme vermerken ...

Gott atmet tief ein, um sich Kraft für den nächsten Akt zu holen. Etwas Ungeheuerliches, im Universum noch nie zuvor Dagewesenes soll nun geschaffen werden. War alles, was bisher geschehen war – der Knall, der die Kugel hat entstehen, die Spirale, die alles hat lebendig werden lassen –, ohne sein Zutun abgelaufen, so will er nun seine Fantasie, seine ganze Schöpferkraft beweisen.

Gott atmet aus. Haucht seinen Atem auf die Erde. Dieser Hauch ist so zart, so liebevoll, so fürsorglich warmherzig, als wolle er dies Besondere, dies Wertvolle auf seinem Weg nicht unnötigen Gefahren aussetzen, dass es wohl gut dort ankomme, wo es seinen Platz einzunehmen haben wird. Dieser Hauch ist so ganz anders, als der Sturm es gewesen war bei der Erschaffung des Universums, der Sonnen und der glitzernden Milchstraßen.

Während alles im Universum weiter seinen gewohnten Gang geht, starren die Engel auf die Erde und sehen, dass sich neben dem blauen Wasser des Meeres über weite Flächen ein anderes Meer, ein grünes, ausgebreitet hat.

Ist es nicht fantastisch!, ruft Gott voll Freude, im Zusammenspiel von Erde, Sonne, Regen wurde dieses Meer erschaffen, für ein ganz besonderes Ziel: der Erde den Atem, den sie zum Leben braucht, zu schenken. Kommt näher, damit ich es euch zeigen kann!

Und Gott holt eines der Dinger, die auf der grünen Fläche stehen, hervor und setzt es auf seine Handfläche, als wär sie eine Theaterbühne, auf der nun ein Schauspiel aufgeführt werden soll.

Liebe Engel, darf ich vorstellen: der neue Star des Universums – der Baum!

Ein Wink des Regisseurs und die wie leblos scheinenden Arme des Baumes beginnen sich in sattes Grün zu färben: Blätter!

Wieder ein kleiner Wink und zwischen diesen unzähligen Blättern erscheinen tausende von leuchtenden Punkten: Blüten!

Noch nicht genug des Spieles, wechseln auf einen Fingerzeig gleich darauf die Blüten ihre Form und ihre Farbe und werden: Früchte! – die eine Sekunde später in das Handtheater kollern, denn er hat noch einmal ein Zeichen gesetzt, das alles Grün hat braun werden lassen, und schon im nächsten Augenblick hat dieses Braun wie ein Teppich die Handfläche Gottes bedeckt, und der Baum steht da mit seinen scheinbar leblosen Ästen – bis das Spiel wieder von vorne beginnt.

Und wenn du mit dem Staunen fertig bist, Allumweltengel, sagt Gott wie beiläufig, notiere bitte in den Akten, dass wir dem grünen Meer den Namen WALD gegeben haben.

Die Geschichte, die uns ganz an den Anfang der Wärme geführt hat, ist nun vor 300 Millionen Jahren angekommen – davon wollen wir jedoch nicht zuviel erzählen, um nicht damit zu verwirren, dass wir bereits 12,7 Milliarden Jahre hinter uns gelassen haben ...

Und dank des Märchens, das losgelöst ist von Zeit und Raum, sind wir nicht mehr so weit vom Heute entfernt, wenn Gottes Hand nun gleich ein paar weitere Steinchen in das Weltenpuzzle setzt ...

Sehr zufrieden sitzt Gott auf dem Himmelsthron und beobachtet, wie auf seinem Lieblingsspielzeug Erde alles wie von alleine seinen Lauf zu nehmen scheint.

Um meiner Willen, das ist alles echt gut gelungen!

Freudig taucht er seinen Finger in das Wasser der Meere und nickt zufrieden: Schon fast perfekte Badetemperatur!

Mit einem Handschlenkerer holt er sich eine Brise von der Erde, die er tief einatmet, und sagt: Und diese Luft – riecht schon richtig gesund!

Seine Finger lässt er über Wiesen und Steppen, durch Urwälder und Sümpfe laufen und jubiliert: So weich und zart, welch Augenweide!

Und natürlich das, worauf er besonders stolz ist: seine Bäume. Für jeden Teil der Erde, für jede Höhe und jede

Tiefe, wo viel Licht und wo viel Schatten hinfällt, für heiße Meeresküsten und unwirtliche Gebirge waren unterschiedlichste Bäume gewachsen, die aber allesamt durch diese wundersame Fähigkeit, aus den Strahlen der Sonne Kraft zum Leben zu gewinnen, miteinander verbunden sind.

Wieder vergehen Millionen von Jahren, nicht wahrgenommen, weil noch nichts und niemand da ist, sie zu messen. Jahre des Wachsens, der Veränderung bis zu dem Tag, an dem Gott und seine Engelsschar etwas Neues sehen, entdecken: Da bewegt sich etwas, es sind nicht die Wellen des Meeres, die stetig Felsen höhlen und Blätter transportieren, es ist nicht der Wind, der Gräser und Bäume tanzen lässt, auch nicht das langsam Vergängliche der Pflanzen, es ist eine völlig andere, neue Bewegung, die der Erde ein neues Antlitz geben wird: Ist es zu Beginn winzig kleines, kaum sichtbares Leben, das sich im Wasser tummelt, braucht es nur hunderttausende von Jahren, bis es auch das Land erobert hat, hunderttausende von Jahren, bis es schon so gewachsen ist, dass es Spuren im Sand hinterlässt, und hunderttausende von Jahren, bis es in gigantischer Größe durch die Lüfte segelt und über Wiesen und durch Wälder jagt: Tiere sind die neuen Gäste auf der Erde!

So schwer zu fassen, so schwer zu verstehen sind die Dimensionen, in denen sich der Zeitenlauf bewegt, die für Gott nur ein paar Augenblicke bedeuten …

Dann muss irgendwann etwas geschehen sein, was alle Ordnung, allen Plan völlig durcheinanderbringt. Da in den Himmelsakten darüber nichts geschrieben steht (wie seltsam, da doch sonst alles genauestens vermerkt ist …), gibt es nur Vermutungen darüber, was sich damals abgespielt hat.

Vielleicht war Gott für ein paar tausend Jahre kurz eingenickt, auf jeden Fall wird er vom entsetzten Aufschrei des Weltenengels aufgeschreckt. Was ist denn das!?

Gott schaut verwirrt, was sich da auf der Erde zwischen Pflanzen und Tieren ganz unbekümmert bewegt. Es scheint tatsächlich völlig neu dorthin gekommen zu sein, bei seinem letzten Hinschauen war es auf jeden Fall noch nicht da gewesen. Ein bisschen peinlich berührt, wie schon damals, als die blaue Kugel plötzlich und unerklärlich und ganz ohne sein Zutun geschaffen worden war, nickt er und sagt knapp: Ach, du meinst das da – das ist mal so zwischendurch entstanden und heißt Mensch. Ich dachte mir, Bäume sind Bäume und Tiere Tiere, ich wollte dort unten etwas haben, was mir zum Ebenbilde ist. So was wie'n Vertreter. Ja, ein Vertreter, der für mich dort nach dem Rechten sieht, ich kann mich wirklich nicht mehr selbst um alles kümmern.

Aber – du bist doch Gott!, ruft der Weltenengel entsetzt, du bist der Schöpfer. Nichts auf der Erde verfügt über diese unermesslichen Kräfte, die dich all das haben erschaffen lassen. Nur du ... – bevor der Engel weitersprechen kann, nimmt Gott mit zwei Pinzettenfingern das erste Menschlein, das dort unten fröhlich herumtapst, und hält es sich knapp vor sein Gesicht: Ich verleihe dir Schöpferkraft – und er haucht ihm Fantasie und Kreativität ein. Ich schenke dir Liebe und Güte – und er haucht ihm eine Seele und Gefühle ein. Und du sollst um deine Sterblichkeit wissen und sollst von heute an Verantwortung übernehmen – und er haucht dem Menschen den Verstand, die Fähigkeit zu denken, zu ordnen und zu lenken ein.

Angestrengt von solch harter Arbeit räkelt sich Gott zufrieden auf dem Himmelsthron, schließt genüsslich seine Augen und fällt sofort wieder in ein tiefes Nickerchen.

Nun haben endlich alle Bestandteile, die Erde, der Baum und der Mensch, in unserer Geschichte Platz genommen und liegen nur noch lächerliche 160.000 Jahre vor uns, bis wir im Heute angekommen sein werden ...

Der Engel, verantwortlich für alle Allumweltfragen, versucht Gott zu wecken. Zuerst zaghaft, dann heftiger, bis der endlich seine Augen aufschlägt und, unsanft aus süßen Träumen herausgeholt, vom Thron hochfährt: Ist was passiert?! Eine Sonne explodiert? Wieder eines dieser blöden schwarzen Löcher aufgetaucht?!

Nein, Gott, nichts von alldem, beruhigt ihn der Engel, es geht wieder einmal um ... – und er deutet auf die Erde, die sich unschuldig durch das All dreht. Du hast ungefähr 158.000 Jahre geschlafen und währenddessen hat sich da unten ein bisschen was verändert.

Verändert?, fragt Gott ungläubig. Wie kann sich etwas verändern ohne mein Zutun?

Das Ding, das du geschaffen, der Mensch, dem du Schöpfungskraft und Verstand verliehen hast, hat deine Gaben genützt. Ich würde sagen: Mehr als genützt, hat Unglaubliches geleistet. Du solltest dir das ansehen, dein Mensch hat es geschafft, in nur 150.000 Jahren mehr zu verändern, als du in 1 Milliarde Jahren ... Und die schöpferische Kraft des Menschen hat die Zeit dort unten so beschleunigt, dass du es dir nicht mehr erlauben wirst können, noch einmal für ein paar hunderttausend Jahre ein Nickerchen zu halten ...

Erstaunt von dem, was er da gerade gehört, schaut Gott auf seine Erde. Was er sieht, verschlägt ihm wahrhaftig den Atem – und das sagt wohl einiges!

Der Mensch, sein Ebenbild, dem er den Auftrag gegeben hatte, das Meer und das Land, Wind und Sonne, das im Inneren Schlummernde und an der Oberfläche Blühende zu verwalten, zu umsorgen und zu pflegen, hat sich die Erde durch seine Fantasie und seine Klugheit zum Untertan gemacht. Alles, was wächst und blüht, wird zu seinem Nutzen verwendet. Tiere sind zu Beute, Werkzeug, Freund geworden. Er hat die Macht und die Kraft des Feuers entdeckt und es zu einer Waffe gemacht, die ihn über alle andere Schöpfung hinweghebt. Der Mensch versteht seine Schwächen durch Werkzeuge auszugleichen, die ihn zu schier Unmöglichem befähigen. Ihm ist gelungen, den Boden in einen Acker zu verwandeln und sich damit Gottes Schöpfertum gleichzusetzen: Lebendiges, ob Pflanze oder Tier, neu, anders, besser zu erschaffen. Sein Geist hat es ihm ermöglicht, seine Gedanken und Gefühle in Worte zu fassen, sie anderen mitzuteilen, in Zeichen, in Lauten, in Gesängen und durch Tanz.

Noch benötigt unser Märchen knapp 2000 Jahre, um das, was uns vor Augenblicken noch so unerträglich schien, in einem anderen, versöhnlichen Licht zu zeigen ...

Gott murmelt: Wie ist es möglich, dass ich all dies nicht vorausgesehen habe?

Es ist noch lange nicht zu Ende, fährt der Weltenengel fort. Darf ich deinen Blick auf dieses Bild dort lenken?

Und er zeigt auf ein Land, auf ein Dorf, eine Hütte, der sich gerade eine kleine Gruppe nähert. Und?, fragt Gott.

In ein paar Minuten wird dort wieder eines deiner Kinder geboren!

Ein Kind? MEIN Kind?!, schreit Gott und springt aus seinem Thron. So weit reicht meine Erinnerung, ganz genau zu wissen, welch nette Idee ich den Menschen für ihre Fortpflanzung schenkte. Und meine Erinnerung reicht auch so weit, ganz genau zu wissen, dass ich niemals ... He, und sagtest du KindER??? Gibt es denn noch mehr davon?

Ja, es gibt sie immer wieder, Söhne und Töchter. Aber du musst es anders sehen, beschwichtigt der Engel seinen Chef, sie haben sich selbst mit etwas wahrlich Göttlichem beschenkt: mit dem Glauben! Mit dessen Hilfe sie dich auf Erden haben lebendig werden lassen – sie haben ja keine Ahnung von deiner Existenz!

Wir verstehen nun langsam, worauf die Geschichte hinauswill. Als würde sich nach langem Schlaf unsere Erinnerung strecken, sich kurz noch einmal grummelnd auf die Seite drehen und schnell von einem Stern träumen, dem man im Traume folgt in eine Zukunft, die wie eine warme Hand umhüllt.

Nun rast die Zeit, Gott kann dem Treiben kaum folgen, kein Wunder, ist er doch völlig andere Dimensionen von Zeitenschritten gewöhnt, war doch bis vor kurzem noch ein Wimpernschlag das Maß für hunderttausend Jahre. Kaum, dass sich ein stolzes Lächeln über die Geburt dieses Sohnes auf sein Gesicht gelegt hat, sieht er ihn auch schon wieder sterben, sieht Kriege, die in seinem Namen unzählige Tote auf den Schlachtfeldern hinterlassen, sieht, wie seine Menschen durch die von ihm geschenkte Schöpferkraft die wunderbarsten Werke vollbringen, sieht das erste von einer Maschine gedruckte Buch mit Worten, die so klug, so weise sind, als wären sie von ihm erdacht – immer schneller drehen sich die Uhren, schon sinkt Gott erschöpft auf den Thron –, sieht, wie Stimmen durch einen Draht von einem Ort zum anderen gesendet werden, sieht Maschinen, dampfend, schnaubend, mit nie zuvor gekannter Kraft – Hilf mir, Engel, ruft er – sieht Kriege, Tote, Häuser, die in den Himmel zu wachsen scheinen – Mir schwindelt, ruft er –, sieht bewegte Bilder, die jeden Ort der Welt erreichen – So haltet doch inne, ruft er –, sieht eines seiner Geschöpfe im Schwarz des Alls spazieren – Hört mich denn keiner, ruft er –, und sieht den silbern glänzenden Herrscher, der unerbittlich sein Netz um diejenigen gelegt, die ihn erdacht, erschaffen haben – Wo ist der Mensch, ruft er –, und sieht, wie ein Herz, das nicht mehr schlagen will, gegen ein anderes ausgetauscht wird – und Gott schließt seine Augen – Aber es war doch ..., erinnert er sich, gerade eben noch dies nackte Menschlein, das ich bat, mein Paradies zu hüten, mein Paradies.

He, mein lieber Gott, setzt sich der Weltenengel neben seinen Herrn, DU bist doch die Hoffnung. DU bist doch das Paradies! Zugegeben, die Menschen haben viel Mist gebaut, aber andererseits sind sie auch wirklich sehr gut drauf! Es wäre schade aufzugeben, ihnen womöglich wieder eine Sintflut zu schicken, um mit all der Sünde aufzuräumen, wo es doch so viele gibt, die dafür kämpfen, diesen Traum vom Paradies nicht untergehen zu lassen. Es ist nicht zu spät, es sind gerade mal 2000 Jahre vergangen seit dem Neubeginn da unten – ich werde es dir beweisen! Steck deinen Finger, den berühmten Fingerzeig Gottes, irgendwohin und du wirst es erleben!

Wie das Lied eines Vogels, das immer lauter wird, erwachen wir von den Worten des Erzählers, reiben die Augen, strecken die Glieder und erwachen – in einem wohlig warm temperierten Saal ...

Hatten wir nicht vor kurzer Zeit noch über diese Hitze geflucht, nichts davon ahnend, welchen Weg dieses Geschenk hinter sich hatte, als es uns hier mit – zugegeben – ziemlich heißer Hand umfasste. Erst die Kälte war es, die uns erinnerte, welche Bedeutung, welche Wichtigkeit ‚Wärme' für uns alle besitzt.

Und ... wir sollten Nachsicht üben mit dem, der uns heute Abend so tüchtig einheizte, damit wir der Geschichte, die ich euch erzählte, nicht frierend lauschen mussten ...“

Am dreizehnten Abend erzählt der Zauberer, wie er eine Wiese verzaubert ...

Kommt, ich habe hier eine Wiese für euch, die ich – ohne Zauber, ohne Tricks – allein durch die Kraft der Geschichte verwandeln werde. So wird es euch gelingen, dem Alltag, dem Blick der Gewohnheit, dem Selbstverständlichen zu entfliehen und damit eine wahre Wunderwelt zu erfahren ...

„Ich habe euch heute gebeten", beginnt der Zauberer, „uns an einem anderen Ort als in einem Theater, oder einem Saal zu treffen. Wir treffen uns auf einer Wiese.

Es ist für uns eine grüne, unregelmäßige Fläche, unterbrochen von Farbklecksen, Blumen und Kräutern. Blicken wir auf einen Teppich aus unterschiedlichen Mustern, so erfassen wir das Gesamtbild, selten beschäftigt uns ein konkreter Ausschnitt daraus. Begegnen uns hundert Menschen auf einer belebten Straße, werden wir sie, wenn überhaupt, nur sehr flüchtig wahrnehmen. Treten wir aber einem dieser Menschen näher, indem wir ihn betrachten, Worte an ihn richten oder zuhören, verändert sich auch der Blick, dieser Mensch wird zu einem konkreten Ausschnitt auf dem Teppich, herausgehoben aus dem verschwommenen Bild des Alltags.

Hier, auf der Wiese, ahnen wir jedoch zunächst nichts von alldem – es ist wie eine Stadt, die wir aus dem Flugzeug im langsamen Vorübergleiten von oben betrachten, ein starres Raster aus Flächen, erst wenn wir sie zu Fuß betreten, erkennen wir Details, erkennen wir ihr Leben und ihr Sterben. Wir werden nun also gemeinsam dieses

Stück Erde erobern, folgt mir einfach und lasst zu, was ihr gleich erleben werdet."

Der Zauberer formiert die Gruppe, lässt sie hintereinander im Gänsemarsch Aufstellung nehmen und gibt eine letzte Anweisung: „Nehmt euch an den Händen und bleibt dicht hinter mir. Geht weiter, egal, was auch geschehen mag, haltet nicht inne, egal, wie seltsam euch auch erscheinen mag, was um euch herum passiert. Seid ihr bereit?"

Die Menschen nicken stumm ein Ja und nehmen einander fest an den Händen. Sie sind bereit für eine Überraschung, fest entschlossen, dem Zauberer zu folgen, was immer er auch mit ihnen vorhat – deshalb sind sie ja gekommen, für ein magisches Vergnügen.

Sie gehen los. Die Gruppe ist angespannt, sie erwarten etwas, wovon keiner weiß, was es ist, sein könnte. Schon liegen die ersten Meter hinter ihnen. Nach ein paar Minuten haben ihre Schritte bereits einen gleichmäßigen Rhythmus gefunden. Als die ersten schon beginnen, sich enttäuschte Blicke zuzuwerfen, weil nichts passiert, entdecken sie mit einem Mal eine seltsame Veränderung: Die Wiese, durch die sie spazieren, scheint zu wachsen, scheint mit jedem Schritt, den sie setzen, an Größe zu gewinnen. Manche wollen rufen, was denn da los sei, ob es nur ihre Augen seien, die ihnen etwas Verrücktes vorgaukeln, andere wollen stehenbleiben, wie um den Spuk dadurch besser verstehen zu können, aber es gelingt ihnen nicht, wie von alleine gehen ihre Beine, sie können weder stoppen noch kommt ein Ton über ihre Lippen. Wie von einem unsichtbaren Seil, das der Zauberer in seinen Händen hält, werden sie in eine unheimliche Welt gezogen, schon haben die höchsten der Blumen, wilde Astern, Menschengröße erreicht. Verunsichert, verängstigt darüber, was hier geschieht, werfen die Besucher Blicke in die Ferne, Richtung Horizont, um irgendwo einen Anhaltspunkt zu finden, und finden in den Hügeln und der

Sonne auch wirklich eine Antwort: Es ist nicht die Welt um sie herum, die wächst, sondern es sind sie, die Menschen, die schrumpfen, mit jedem Schritt, den sie tun, tun müssen, weil das Seil sie zieht, dringen sie in die Dimension der Wiese ein, inzwischen sind die Grashalme schon in Schulterhöhe und noch immer weiter geht der Marsch, jeder Meter Vorwärtskommen verringert ihre Größe. Hin und her gerissen zwischen Panik und Staunen, wenden und drehen sich ungläubig die Köpfe, rasen die Augen von hier nach dort, um Details dieser neuen, völlig fremden Welt zu entdecken. Immer noch scheint das Ziel nicht erreicht, denn der Zauberer schreitet weiter unbeirrt in das Dickicht, das die Gruppe nun bereits an Größe überragt. Als die grüne Wand sich lichtet und dahinter ein Platz aus groben Erdklumpen auftaucht, hält der Zauberer endlich an. Zum ersten Mal seit Beginn des Marsches wendet er sich um und lächelt zufrieden – er weiß um die Wirkung des Geschehenen, weiß um die Sensation dieses Augenblicks.

„Willkommen", ruft er fröhlich, „willkommen auf einem anderen Planeten!"

Und es ist ein anderer Planet! Durchstreift man einen Dschungel im Süden Borneos, so ist jeder Baum, jede Schlingpflanze neu, unbekannt, jedes Tier, das einem begegnet, noch nie gesehen. Aber hier ist alles wohlbekannt, nichts fremd, alles schon tausendmal gesehen – eben nur in einer völlig anderen Dimension. Als würde der Mensch, den man so gut zu kennen glaubt, plötzlich völlig neue Seiten von sich zeigen.

„Würden wir jemals sorglos über eine Wiese laufen, wenn wir über die Schönheit und die Einzigartigkeit eines einzelnen Grashalmes Bescheid wüssten?" Der Zauberer tritt ganz nahe an einen der unzähligen Stämme heran und biegt ihn zu sich hinunter. Feines Linienmuster in einer leicht gewölbten Rinne, deren verschiedene Grüntöne sich in kaum wahrnehmbaren Farbnuancen unterscheiden. Der Halm gleich nebenan ist ein völlig anderer: Seine Wölbung ist viel stärker, die Rinne verläuft in einem blassen Hellgrün und verjüngt sich hin zur Mitte.

Die Gäste des Zauberers beginnen, sich in ihrer neuen Welt zurechtzufinden. Durchwandern das Wiesenstück wie ein Museum der Wunder, bleiben mit offenem Mund vor einem dieser Objekte stehen, das in der alten Welt, die sie vor kaum 15 Minuten verlassen hatten, nur eine Zinnie, eine einfache Wiesenblume, gewesen wäre. Vor 15 Minuten hätten sie sich vielleicht am leuchtend starken Rotviolett der Blütenoberfläche und dem kunstvoll aufgesetzten Kelch erfreut, hier aber wird die Blume zu einem Gesamtkunstwerk von unfassbarer Schönheit und Eleganz. Die staunenden Betrachter zählen die Blätter des Blütenfächers, der sich weit über ihnen im sanften Wind bewegt, 26 sind es. Deren Rotviolett, das der Sonne und den Menschen der alten Welt entgegengerichtet ist, wurde an der Unterseite mit mattem Ocker übermalt, ein jedes mit anderem Pinselstrich, kunstvoll arrangiert im engen Geflecht fast kreisrunder Blätter. Der samtige Stamm ist geschwungen wie eine von Schieles unfassbar einfachen Linien, die einen sich räkelnden Mädchenkörper so präzise, so sicher darzustellen vermögen.

„Da", sagt plötzlich jemand und zeigt aufgeregt auf eine Ameise, die mühelos den Stengel hochläuft und sich von einem der Blätter eine Mahlzeit abschneidet. Ein Mutiger hält seine Hand vorsichtig zu dem Tier und ohne Scheu balanciert es auf die Finger. Alle kommen gelaufen, bewundern staunend die Ameise – nur eine Ameise, und ist doch jetzt ein exotisches Ding.

„Kommt her", ruft der Zauberer, „ich habe noch etwas aus meinem grünen Zauberhut hervorgeholt." Nun ist alle Unsicherheit verschwunden: Als wären sie schon immer nur handgroß gewesen, als wäre die Zeit der großen Welt ferne Vergangenheit, bewegen sich die Menschen zwischen Gräsern und Blumen, zwischen Erdkrümel groß wie Felsen und weichstem Moosteppich wie eine Kinderschar auf Abenteuerreise. „Wahnsinn!", rufen die ersten, die sehen, was der Zauberer entdeckt hat: eine Schnecke, die ihr Kriechen kurz unterbrochen hat, erstaunt über die seltsamen Hindernisse, die sich ihr in den Weg stellen. Die Männer in der Gruppe umlagern und bewundern das Tier, wie sie es sonst nur bei einem neuen Bugatti machen würden, versuchen einen Blick in das Innere des Gehäuses zu werfen und untersuchen fasziniert die nasse, klebrige Spur, die es auf dem Boden hinterlassen hat. Die Frauen hingegen widmen sich eher dem Kopf mit seinen Antennenaugen und dem Atemloch, der an Aliens erinnert.

Während die ganze Gruppe um die Schnecke herum steht und schwärmt und angeregt über die in der Natur wiederkehrende Spiralform ihres Hauses diskutiert, werden sie plötzlich von einem schwarzen Schatten umfangen, der begleitet wird vom furchterregend lauten Geräusch schlagender Flügel: ein Bussard, groß und dunkel, schwebt wie ein Raumschiff über ihnen, seine Augen starr und unbeweglich auf die unbekannte Beute gerichtet, die Krallen wie Säbel bereit zum Töten.

„Versteckt euch unter Blättern", schreit der Zauberer aufgeregt, er weiß, da würde selbst seine Zauberkunst versagen, bekäme der Vogel einen der geschrumpften Menschen erst in seine Fänge. Der Räuber, schon zum Angriff bereit, zögert, weil sein Gehirn in Anbetracht ihrer Größe blitzesschnell „Hase" signalisiert, gleich darauf aber der Form wegen „unbekannt" folgt, und damit genau jene Zeitspanne verstreichen lässt, die die Opfer brauchen, um zu flüchten. Verärgert, dass ihm da ein leckeres Häppchen entwischt ist, schießt der Bussard in hohem Bogen in die Lüfte.

Im selben Augenblick, wie zur Versöhnung, flattert unschuldig ein anderes Flugobjekt durch den Luftraum, nur ganz knapp über der Wiese und den Augen der Gruppe, die noch schreckerstarrt nach oben gerichtet sind. Statt des todbringenden Angreifers sehen sie eine Symphonie aus schimmernden Farben, auf und ab, hin und her, wie eine Fata Morgana, die auftaucht und verschwindet, kreist ein Schmetterling über ihnen.

Der Zauberer schaut von einem zum anderen und denkt bei sich: „Welch ein Bild des Friedens." Und entdeckt in ihren Blicken das, womit man normalerweise „Glück" beschreibt. Die Wiese hat die neuen Gäste wie selbstverständlich aufgenommen, Fliegen kommen, groß wie Vögel, setzen sich hektisch auf ihre Schultern und schwirren wieder ab, ein Kastanienblatt fallschirmt heran und landet irgendwo in ihrer Nähe. Der Boden zu ihren Füßen öffnet sich und ein Regenwurm windet sich als Riesenschlange ans Tageslicht, das für ihn nicht existiert. Ein Windstoß trägt ein paar Löwenzahnschirme vorüber und eine Wespe schneidet, völlig unbeirrt von den Fremden, mit ihrem furchterregenden Schneidwerkzeug eine Ecke in ein Blatt.

„Ich glaube, sie haben verstanden", denkt sich der Zauberer, schließt seine Augen, breitet seine Arme aus und lässt sie langsam wieder in die Höhe wachsen ...

Als sie in Augenhöhe angekommen sind, steht eine Gruppe von Menschen inmitten einer Wiese. Sie schauen verwirrt an sich hinunter, als wären sie überrascht über das, was sie sehen. Dann knien sie nieder, beugen sich nach vorne, als würden sie etwas suchen ...

... die andere Welt, in der sie doch gerade eben noch gewesen waren!

Am vierzehnten Abend erzählt der Zauberer, wie er einen Baum verzaubert ...

Kommt, ich habe hier einen Baum, den ich – ohne Zauber, ohne Tricks – allein durch die Kraft der Geschichte verwandeln werde. So wird es euch gelingen, dem Alltag, dem Blick der Gewohnheit, dem Selbstverständlichen zu entfliehen und damit eine wahre Wunderwelt zu erfahren ...

Der Zauberer nimmt ein kleines Stückchen Stoff, hält es hoch, dreht es zwischen seinen Fingern: „Ob ihr es glaubt oder nicht", sagt er, „dieses kaum spürbare Ding, das sich auf meiner Haut anfühlt wie Sternenglitzer, wie Feenhauch, wie erster Sonnenstrahl am Meeresstrand, war einmal ein Baum. Ein Baum, der genauso lebendig ist wie wir – nur ein bisschen anders. Der wächst, atmet und dem Leben dient – wie wir."

Der Zauberer malt mit seinen Worten Bäume, die zur Zierde prachtvoller Stadtstraßen dienen, malt Alleen, die stolz Spalier stehen. „Vorübergehastet, nicht beachtet", sagt er, „obwohl jeder einzelne von ihnen ein schier ungeheuerliches Wunderwerk vollbringt!" Jetzt zaubert er aus seinem Hut ein Schauspiel und das Publikum erkennt an den simplen Bildern, von welchem Wunderwerk er spricht: der Baum als gigantische Fabrik, monströs und erfolgreich in Umsatz und Bilanz, in der in einem unendlich scheinenden Geflecht aus Rohren stampfend gepumpt, gespeichert und allerfeinster Nebel transportiert wird, und das alles nur für das eine Ziel, um Warm und Kalt in Balance zu halten für den Prozess der Stoffumwandlung.

Nun öffnet der Zauberer seine Hand und es erscheint, als wäre es dort in diesem Augenblick gewachsen, ein Blatt, ein kleines grünes Blatt.

„Nicht sein Erscheinen in meiner Hand ist der Zauber, den ich euch zeigen wollte, sondern es selbst ist das Wunder. Und wenn ihr ganz leise seid und lauscht," lächelt der Zauberer, „werdet ihr hören und verstehen, welch klare, so einfache und doch so fantastische Geschichte es zu erzählen hat und wie das Blatt es mühelos schaffen wird, euch in seine Welt zu nehmen!"

Wie selbstverständlich führt es uns dorthin, wo die Geschichte beginnt, die es für euch geschrieben hat – einmal um die ganze Welt, dorthin, wo Erde, Sonne, Regen seit Millionen Jahren Sekunde für Sekunde das Wunder Baum und damit auch den Wald erschaffen.

Mühelos hält die Fantasie für uns die Zeit an, lässt vor unseren Augen Bäume wachsen, blühen, lässt mit einem Handstreich alle Jahreszeiten spielen, vom ersten Samen bis zum menschendicken Stamm, als wären es nur Augenblicke.

„Kommt", ruft das kleine grüne Blatt, „ihr müsst ein Stückchen näher kommen, um meinen Zauber zu entdecken!" Und mit einem Mal stehen wir mit ihm mitten auf der Lebensbühne: Spüren wie die Sonnenstrahlen nach unendlicher langer Reise auf das Grün des Blattes treffen. In der Verwandlung, wie der Gleichklang zweier Menschen, aus deren Liebe neues Leben wächst, vereinen sich die Kraft der Sonne und die Kraft der Erde und zaubern so dem Blatt seine wundersame Fähigkeit, der Welt den Atem, den sie zum Leben braucht, zu schenken.

„Sollen wir noch ein Stückchen tiefer gehen? Wollt ihr auch einen Blick hinter die Kulissen werfen?", fragt der Zauberer und weiß natürlich längst die Antwort. Er bläst ganz zart und fein über das Blatt, das sich augenblicklich in ein Wesen, in ein winzig kleines Wesen verwandelt. „Darf ich euch vorstellen: der unsichtbare Teil des Baumes, den ihr wohl nur aus dem Märchen kennt!" Etwas beschämt, peinlich berührt, plötzlich mitten in der Wirklichkeit zu stehen, angestarrt von Augen, die nicht glauben wollen, was sie da sehen, dreht die Elfe unwirklich langsam eine Pirouette. Winzig zart trägt sie ein Kleid, fein gesponnen aus dem Morgentau, dem Sternenglitzer und dem Strahl der Sonne.

„Im Kleid", flüstert der Zauberer, „in ihrem Kleid verbirgt sich ein wahres Wunder!" Es ist ein Kleid, das atmet und das trinkt, das Wärme strahlt und sammelt und Zauberkräfte in sich trägt – klar, es ist ja von der Natur höchstpersönlich geschneidert ...

Gerade als die Augen langsam beginnen, sich an diesem fabelhaften Bild zu erfreuen und dem Unglaublichen Vertrauen zu schenken, schließt der Zauberer mit seinem Handdeckel seine Handbühne und als er ihn wieder hebt, ist das Elfenspiel verschwunden.

„Es gibt nicht nur Zauberer wie mich", sagt er, „gute. Es gibt auch solche, die den Menschen Böses wollen. Muss ich sie beim Namen nennen? Ihr kennt sie, sie sind ja Teil von euch und eurem Leben. Im Kosten-Nutzen-Denken hat das Märchenfühlen bei so vielen keinen Platz mehr."

Das Kleid und damit alle Kraft, die es der Elfe gab, ist fortgenommen und für alle Zeit verschwunden.

Hineingeworfen ist nun das unsichtbare Wesen in die andere Welt, die grob und künstlich ist, und alle feinen Fäden, mit denen Mensch, Natur und Märchen verbunden waren, sind zerrissen.

„Aber", fährt der Zauberer geheimnisvoll fort, dreht sich einmal um sich selbst, wirbelt dabei mit den Armen, kommt zum Stillstand, hält die Hände vors Gesicht, und als er sie theatralisch langsam zu Boden schweben lässt, wächst aus der Mitte seiner Stirn … das Blatt, das kleine grüne Blatt! „Aber – Märchen wollen doch ihr gutes Ende und hier ist es!"

Jetzt erst sehen die Augen, die schon ganz durcheinander sind vor lauter Wunder, lauter Zauber, auf dem Blatt die unverhüllte Elfe.

„Sei nicht traurig", flüstert das Blatt der Elfe zu, die da sitzt und weint. „Die Sonnenstrahlen haben schon mit ihrem Wunderwerk begonnen, um mit mir gemeinsam dir ein neues Kleid zu zaubern – genauso winzig zart und fein gesponnen, es kommt ja auch aus der Werkstatt der Natur."

„Ihr ahnt es schon", sagt der Zauberer. „Ein paar der Fäden, die zerrissen waren, sind wieder aufgenommen – von Menschen!

Und sie haben es wirklich geschafft: Durch einen geradezu genialen Zauberwink vereinen sich Sonne, Erde und das Blatt, um in einem wunderbaren Zusammenspiel diese neue Verwandlung, so rein, so natürlich und klar, in Gang zu setzen."

Nur einen Wimpernschlag später ist die Elfe tatsächlich gehüllt in einen Stoff, der wie ein wahr gewordenes Wunder scheint: der atmet, als wäre er lebendig, der den Morgentau einlädt, in ihm zu verweilen, und der die Wärme, die die Sonne sendet, in sich trägt.

Aus dem Haar einer der Zuhörerinnen holt der Zauberer mit großer Geste das Stückchen Stoff hervor, mit dem er seine Geschichte begonnen hatte, lässt wie ein Marionettenspieler die kleine Fee auf den Stoff in seiner Hand schweben, wo sie landet, glücklich lächelt, winkt und, als wär's das Selbstverständlichste, langsam in den weißen Stoffsee taucht.

„Nun wisst ihr, was ihr spürt", sagt der Zauberer zum Abschied, „wenn ihr diesen ganz besonderen Stoff, der einmal ein Baum war, befühlt: die Elfe, die mit Hilfe ihres neuen Kleides zurückgekehrt ist in diesen unvergleichlich wunderbaren Kreislauf des Lebens.

Natürlich weiß ich, dass diese Geschichte wie ein Märchen klingt, und doch ist sie nichts andres als die Wahrheit. Ein wahres Märchen, das erzählt, wie sich ein Baum in einen Stoff verwandelt, der sich auf unsere Haut legt wie Sternenglitzer, wie Feenhauch, wie erster Sonnenstrahl am Meeresstrand ..."

Am fünfzehnten Abend erzählt der Zauberer, wie er ein Flugzeug verzaubert ...

Kommt, ich habe hier ein Flugzeug für euch, das ich – ohne Zauber, ohne Tricks – allein durch die Kraft der Geschichte verwandeln werde. So wird es euch gelingen, dem Alltag, dem Blick der Gewohnheit, dem Selbstverständlichen zu entfliehen und damit eine wahre Wunderwelt zu erfahren ...

Der Zauberer hat die Kontrolle im Flugzeug übernommen, und so kommt aus dem Lautsprecher statt eines „... das ist ein Nichtraucherflug und Kapitän Hansen heißt sie ...“ ein etwas anderer Begrüßungstext ...

„Es ist alles wie gewöhnlich: Der Flieger ist gestartet, die Blackberries müssen für eine Stunde schweigen, wieder mal wartet ein Tagesplan darauf, erfüllt zu werden.

Augenblicke sind so selbstverständlich, dass sie nicht einmal mehr für Erwartungen taugen: das Lächeln der Stewardess, der Touchdown bei der sicheren Rückkehr zur Erde, der Koffer auf dem Gepäcklaufband.

Platz genommen im Gemälde des Alltags, wo sich scheinbar mühelos, wie von selbst, eins ins Andere fügt, wo nur das Fertige zählt, und nicht die unendlich vielen kleinen Pinselstriche, die das Bild erst zur Wirklichkeit haben werden lassen.

Malen wir nun ein Gemälde, in dessen Mittelpunkt ein Mensch zu sehen ist: Fluggast im Flugzeug von hier nach dort. Schicht für Schicht begeben wir uns in die Tiefe, entdecken dort die Augenblicke, folgen dort den Pinselstrichen, die dem Bild erst seine Form und seine Farbe geben. Denn diese Augenblicke, diese Pinselstriche sind es, die aus dem schwarzen Sack des Alltags und der Gewohnheit das Besondere hervorzuzaubern imstande sind ... Denn das ist's, was wir wollen!

So könnten wir doch während unseres kurzen Fluges gemeinsam ein kleines Experiment starten. Das Flugzeug bringt euch vorwärts – im Augenblick mit ungefähr 500 Kilometern in der Stunde. Ich möchte euch aber ... rückwärts bringen: mit Hilfe einer Zeitmaschine, die wir mit der Kraft eurer Fantasie ganz einfach starten können.

Drehen wir zunächst einmal – zur Übung und Eingewöhnung – nur ein bisschen daran. Zurück in eure Kindheit. Wenn jemand euch in seine Arme nahm und sagte: Komm her, ich erzähl dir eine Geschichte. Glücksmomente, die für immer in unserem Gedächtnis bleiben, weil wir damit Nähe, Wärme und Geborgenheit verbinden und eine Zeit erinnern, in der man sich so nahe war. Man erinnert vielleicht ein Augenbrauenheben bei einer überraschenden Wendung. Eine schwebende Bewegung mit den Fingern, die einen Engel so deutlich illustrierte, dass man sicher war, ihn durch das Fenster fliegen zu sehen. Oder dieser wohlig gemütliche Geruch der Großmutter, wenn ihre Lippen ein Geheimnis flüsterten und dabei ganz nahe an das Ohr herankamen. Erinnerungen, irgendwo verborgen an jenen Stellen unseres Lebensgemäldes, die durch das Licht der Zeit immer schwächer, unwirklicher werden ...

Nun drehen wir aber weiter am Rad der Zeitmaschine – unsere Fantasie hat Vergnügen daran gefunden. Drehen Jahre und Jahrzehnte zurück, haben schon unsere Geburt weit hinter uns gelassen, sehen unsere Eltern an unterschiedlichen Orten als Kinder spielen, noch ohne Ahnung von dem Moment, in dem die Liebe sie zusammenführen wird. 104, 110, 121 Jahre, eine gute, eine schöne Zahl: das Jahr 1888, hier bleiben wir stehen und schauen voller Spannung aus dem Flugzeugfenster.

In London jagt die Polizei Jack the Ripper.

In Mannheim schreibt Familie Benz Geschichte, als sie – es ist der fünfte August, ein herrlicher Sommertag – zum allerersten Mal mit einem Automobil übers Land fährt.

Und keiner weiß warum, aber einen Tag vor Heilig Abend schneidet sich Vincent van Gogh in Arles einen Teil seines linken Ohrs ab …

1888 könnte auch das Jahr sein, in dem – je nachdem, wie alt ihr seid – eure Ururgroßmutter vielleicht gerade acht Jahre alt ist. Ururgroßmutter? Klingt weit zurück, ist es aber nicht: Das sind nur die Enkelkinder EURER Enkelkinder.

Also, eure Ururgroßmutter, acht Jahre alt, spielt gerade auf einem, sagen wir mal, Weizenfeld, als sie am Horizont etwas Ungeheuerliches auftauchen sieht: weitaus größer als der größte Vogel, den sie je gesehen hat. Es muss ein Vogel sein, denn er fliegt ja am Himmel. Er ist weiß und so laut, dass ihre Ohren davon dröhnen. Seine Flügel sind ganz starr, nicht das geringste Flattern ist zu sehen, und doch gleitet er majestätisch und wie mühelos über das Blau.

Plötzlich verwandelt sich das Feld, auf dem das kleine Mädchen steht, in ein hartes, graues Band, doch bevor es nachdenken, schreien, oder gar ohnmächtig werden kann, schwebt der Zaubervogel, der gerade noch am Himmel wie ein Stern seine Bahn zog, zum Greifen nah heran, streckt drei dünnzarte Beinchen hervor und Augenblicke später ist das fabelhafte Wunderding auf dem harten, grauen Band gelandet und steht vor dem erstarrten Kind, das nicht einmal mehr seine Wimpern zu bewegen vermag.

Das Ding, nun sieht das Mädchen es deutlich, ist aus Eisen, so wie die schwere Kiste in ihrem Haus, in dem die Eltern alles, was Wert hat, aufbewahren. Dieses Ding, glänzend geschmeidig, doch ohne Fell oder Federkleid, scheint wie tot, an seinem Körper ist kein Heben und kein Senken eines Atems zu sehen, kein Lidschlag seiner Augen, kein Beben seiner Nase, nicht die geringste Bewegung seines seltsam dreigezackten Schwanzes.

Doch mit einem Mal – das Kind erwacht aus seiner Starre und macht einen Satz zurück – öffnet sich die Haut und, wie herausgeschnitten, ist da plötzlich eine Tür und eine Treppe, die sich langsam zu Boden senkt.

Nun erscheint – das Mädchen weiß nicht mehr, wie ihr geschieht, sollte etwa das, wovon der Pfarrer am Sonntag in der Kirche immer spricht, nach fast 2000 Jahren nun wahrhaftige Wirklichkeit werden – erscheint ein Mensch und schreitet Stufe für Stufe hernieder.

Dieser Mensch ist einer von euch – wir haben ja an der Zeitmaschine gedreht –, ihr lächelt und sagt, als ihr das vor Ehrfurcht und Schrecken bebende Mädchen seht: Hab keine Angst, ich bin's doch nur, dein Ururenkel, der mit Hilfe seiner Fantasie eine Zeitmaschine in Betrieb gesetzt hat.

Und dann sitzt ihr mit dem Kind auf einem verbliebenen Stückchen Feld und erzählt eurer Ururgroßmutter von einer Zeit, in der dies alles, was ihr jetzt als unfassbares Wunder erscheint, als Werk überirdischer Mächte, dass dies in nur 121 Jahren normal und gewöhnlich und Teil des Alltäglichen sein wird. So alltäglich, dass niemand es mehr beachtet, eiserne Vögel selbstverständlich geworden sind. Und ihr erzählt, dass selbst die Zeit, sonst unaufhaltsam und unnachgiebig, von diesem Ding überlistet wird, wenn die größten seiner Art übers Meer fliegen, tausende von Kilometern, und in einer fernen Stadt zu einem Zeitpunkt ankommen, der vor dem liegt, an dem man weggeflogen war!

Ungläubig schüttelt das Mädchen, das einmal eure Ururgroßmutter sein wird, ihren Kopf. Das alles ist zuviel für ein Kind, würde auch zuviel sein für ihre Eltern, die Gelehrten, würde für jeden Menschen, selbst für die klügsten Köpfe des Jahres 1888, zuviel sein.

Ja, seufzt ihr, das mag für dich nach unfassbarem Zauber klingen, für uns bedeutet es nichts. Nichts.

Das Kind überlegt und sieht und spürt mit einem Mal eine seltsame Traurigkeit in euren Augen und euren Worten und fragt: Gibt es in DEINER Zeit noch Wunder?

Und ihr werdet dem Mädchen in die Augen blicken und nachdenken und nachdenken und werdet schon sagen wollen: Nein, die gibt es in unserer Zeit nicht mehr – als ihr plötzlich in den Augen dieses Kindes, das einmal eure Ururgroßmutter sein wird, das entdeckt, was ihr auch aus den Augen eurer Kinder kennt. Und ihr werdet sagen: Doch, es gibt sie auch in unserer Zeit, die Wunder. Eine blühende Wiese, das Lachen eines Kindes, ein Augenblick Liebe.

Dann hört ihr eine unsichtbare Uhr ticken und ihr sagt: Ich muss wieder zurück, in meine Zeit, und umarmt fest das Kind und lauft zurück zur Treppe, die in eure Wirklichkeit führt.

Warte, hört ihr das Mädchen rufen, und es kommt gelaufen und hält in seinen Händen das einzige, was es herzuschenken hat: eine Blume. Von der Wiese neben dem Feld.

Hier, damit du dich erinnerst!

Kaum eine Stunde später werdet ihr das Blackberry aus der Tasche holen und auf dem Display sehen, wie viele Mails, wie viele SMS und wie viele versäumte Anrufe in der Zwischenzeit reingekommen sind.

Aber plötzlich wird dieses kalte, metallene Ding für einen Augenblick, nur einen kurzen Augenblick, verzaubert – seltsam, denkt ihr, als ihr daran riecht, dieser Duft erinnert mich an meine Großmutter, wenn sie mich in ihre Arme nahm und sagte: Komm her, ich erzähl dir eine Geschichte ...“

Am sechzehnten Abend erzählt der Zauberer, wie er ein Dorf verzaubert ...

Kommt, ich habe hier ein Dorf für euch, das ich – ohne Zauber, ohne Tricks – allein durch die Kraft der Geschichte verwandeln werde. So wird es euch gelingen, dem Alltag, dem Blick der Gewohnheit, dem Selbstverständlichen zu entfliehen und damit eine wahre Wunderwelt zu erfahren ...

„Die Gewohnheit ist der größte Feind des Wunders", so beginnt der Zauberer den Abend. „Wie schnell ist vergessen und in den schwarzen Sack des Alltags gesteckt, was vor kurzem noch Unfassbares war. Der erste Schritt des Kindes: Wer denkt daran, wenn man das Kind – war dieser unbeschreibliche Glücksmoment nicht erst gestern? – am Abend von der Tanzschule abholt. Der riesige Nussbaum vor dem Haus, dessen Früchte man im Herbst sammelt – gibt es da noch die Erinnerung an den Frühlingstag, an dem man das fingerdicke Stämmchen in die Erde setzte? Weiß man um das Wunder, wenn man im Dschungel Malaysias sein Mobiltelefon abhebt und der Stimme am anderen Ende der Leitung erklärt, wo die Zuckerdose im Haus zu finden ist?

Die Welt ist zu einem blauen, leuchtenden Globus geschrumpft, den wir einfach, locker und leicht in unseren Händen halten können. Die unermesslich vielen Schritte, die im Laufe der Jahrhunderte notwendig waren, die Welt so einfach, locker und leicht zu machen, die haben in unserer Erinnerung kein Gewicht.

Es war einmal ... ja, genau davon möchte ich euch heute erzählen."

Der Zauberer tritt an den äußersten linken Rand der Bühne. „Lasst uns den Fluss der Zeit stromaufwärts fahren – zurück in eine Zeit, als das Wunder alleinige Sache des Himmels und nicht der Menschen, und zurück in eine Zeit, in der die Grenze der Welt und der eigene Gartenzaun eins waren. Blicken wir dorthin, wo alles seinen Anfang nahm. Als das Dorf noch die Welt war."

Der Zauberer macht eine weit ausladende Geste, die im Zuschauerraum beginnt und in der Mitte der Bühne endet. Und mit seiner Bewegung wird es dort plötzlich lebendig! Aber es ist keine schwebende Jungfrau, sondern – ein Dorf wächst dort langsam aus dem schwarzen Hintergrund!

Auf dem Dorfplatz steht die Kirche in der Größe eines Kastens, gleich daneben sieht man jetzt das Gasthaus immer deutlicher werden. Drumherum erscheinen zwei Dutzend Häuser. Dazwischen Wege, staubig, steinig, die einen engen Kreis um alles ziehen.

Jetzt lässt der Zauberer die Figuren erscheinen: Die Bauern und ein Schmied. Die Frauen und der Lehrer. Natürlich der Pfarrer. Drei Fingerschnipser und am Weiher spielen ein paar Kinder.

„Und damit die Wiesen nicht gar so unwirklich grün und still daliegen müssen", lächelt der Zauberer und öffnet seine Faust, einmal, zweimal, dreimal, „holen wir uns Kühe, Schafe, Ackergäule und Enten, Gänse, Hühner" – die etwas verwirrt, wo sie sich da befinden, dreinschauen, dann aber doch brav den Anweisungen des Zauberers folgen.

„Geräusche brauchen wir auch für unser Dorf: tiefe und helle Stimmen, Lachen, vielleicht ein Lied aus klaren Kinderstimmen, das aus dem Schulhof herüberweht. Hammerschlagen, Hufnägelgeklopfe, das monotone Stampfen eines Mühlrades! Dazu der Backgroundchor: Vogelsingen, Hundegebell, einmal wiehern, zweimal muhen, das reicht, sonst wird es kitschig." – Auf der Bühne des Zaubertheaters geht es schon zu wie in einem Broadwaymusical!

„Ich will es euch einfach machen, ein richtiges Dorf in eurem Kopf zu bauen" – der Zauberer ist nun ganz in seinem Element. „Wir brauchen Gerüche! Gerüche sind hervorragende Baumeister für Dörfer in Köpfen. Also malen wir der Reihe nach: Brotduft aus dem Haus des Bäckers, Safran, weil die Pfarrersköchin heute für den Herrn einen Kuchen bäckt, frische Pferdeäpfel, einen ganzen Weg entlang. Buchenholzscheiterrauch aus 17 Schornsteinen.

Nun ist es Zeit, die Augenblicke des Lebens im Dorf auf die Bühne zu holen: die gewohnten, Hunger und Kälte, Geburt und Tod, die selbstverständlicher Teil des Alltags sind. Und die seltenen, die gerade deshalb das Besondere in sich tragen: der Händler, der alle zwei Monate langsam am Horizont auftaucht – mit Zuckerstangen und Tüchern, mit Scheren und fremdländischen Gewürzen bepackt. Die Postkutsche, die hastig, nervös, wie ein Sommergewitter, erscheint, verschwindet, gerade lang genug die Ruhe stört, um eine Postsendung im Dorf abzuliefern – Briefe und Depeschen, manchmal sogar ein Paket. Selten lädt sie auch Menschen ab oder, noch seltener, nimmt welche mit, aus dem Dorf, das ich in euren Köpfen gebaut habe und das noch nichts von seiner unaufhaltsamen Zukunft ahnt ...“

Für ein paar Minuten lässt der Zauberer sein Publikum noch das Dorfleben genießen, lässt sie der Postkutsche nachsehen und dem Treiben der Menschen und Tiere, die jetzt langsam, aber unaufhaltsam ihre Formen und Farben verlieren, bis die Bühne wieder schwarz und leer ist.

„Nun drehen wir den Hahn der Zeit ein bisschen auf und lassen den Strahl der Zukunft über unser Dorf fließen. Solange, bis endlich die hinderliche Hülle, gestrickt aus lieblicher Enge, gänzlich durchbrochen ist und das Dorf handeln kann. Das Dorf den Herzschlag der Welt fühlen kann. Es fortschreiten kann. Schnell. Immer schneller. Endlich.“

Der Zauberer läuft in die Mitte der Bühne. Er greift an sein rechtes Ohr und zieht bedächtig ein Stück Holz hervor. Er greift an sein linkes Ohr und hat ein Stöckchen einer alten Weide in der Hand. Aus der Nase zieht er ein Stück Stoff, wie aus Mutters Nähkiste, und einen langen Bindfaden. Alle diese Dinge schleudert er zu Boden und – als sie auf dem Boden auftreffen, hat sich daraus ein Schiff geformt.

Er beugt sich darüber, macht den Bindfaden daran fest und lobt sein Werk, als wär's ein kleines Kind: „Gutes Schiff. Tüchtiges Schiff! Dein Kapitän Kieselstein kennt jede Biegung des Baches, und die Ladung, zwei Maiskörner, werden das Unbekannte, das irgendwo hinter dem Gartenzaun lauert, besänftigen."

Das Schiffchen schwebt wie ein Flugzeug über die Bühne, macht eine sanfte Kurve und fährt dann langsam über die Köpfe der staunenden Besucher hinweg.

„Seht ihr", erzählt der Zauberer, „wie majestätisch es aus dem Gebüschhafen ausläuft, den Bach entlang. Und der Faden rinnt und zeigt, wie weit es schon gefahren ist.

Nun hat es den Fluss erreicht. Er ist tausend Meter breit und tausend Meter tief. Wilde Tiere schwimmen darin und er hat sich Häuser und Städte gebaut, deren Lichter in der Nacht wie Glühwürmchen auf seinem Wasser tanzen.

Und der Faden wirbelt immer schneller über den Finger. Schon ist das Meer erreicht. Nun wird erobert.

Erobert? fragt das Dorf, das zu Hause wartet und nur am Bindfaden, der unablässig von den Fingern läuft, erkennt, dass die Reise immer weiter geht.

Land, Menschen, Pflanzen, Früchte, alles wird in Besitz genommen. Alles, was in unserem Schiffchen Platz hat. Ein Maiskorn für eine Handvoll Sklaven ist ein gutes Geschäft. Und für das zweite Maiskorn wird der Laderaum randvoll mit einer weißen Pflanze gefüllt, die, wenn das Schiff wieder im Gebüschhafen am Bach in unserem Dorf angelegt hat, das Leben verändern wird: Es wird den Bauer von seinem Pflug, die Mutter von ihren Kindern weg zu eisernen Webern führen.

Nun ist das Schiff nicht mehr aufzuhalten – es webt mit dem Faden am Finger ein Netz zwischen den Kontinenten.

Aber noch schreitet die Zukunft im Zeitlupentempo durch unseren Kopf. Noch ist der Wind, der aus der Ferne in unser Dorf weht, ein kaum spürbarer, weil die Mauern der Geborgenheit, der Idylle und des engen Denkens seine Bewohner beschützen, doch immer näher rückt die Welt. Dann kommt der nächste Schritt."

Mit einem kurzen Händeklatschen hat der Zauberer das Schiff, das am anderen Ende des Saales angekommen ist, verwandelt.

„Der eiserne Würgegriff erreicht unser Dorf. Leider liegt der Weiher genau dort, wo die kalten Finger das Dorf umklammern wollen, leider müssen einige Häuser wie Tortenstücke abgeschnitten werden, leider werden fremde Herren aus Wien oder vom Mars oder von sonst woher unsere Lieblingsohrensessel verrücken und verkünden: Platz gemacht – hier wird die heilige Schiene auferstehen! Freut euch: in das Grün der Wiesen und Braun der Äcker wird ein stahlgraues Streifenmuster gemalt.

Und wenn zum ersten Mal das Pfeifen durch unseren Kopf dringt, werden alle zusammenlaufen und es wird ein Rauchzeichen am Himmel stehen und viele werden sich bekreuzigen und meinen, dass nun das Ende der Welt nahe sei.

Der Atem des Dorfes beschleunigt sich durch das viele Wegfahren und Heimkehren. Immer schneller werden die Geschichten des Dorfes abgelöst von den Geschichten der Welt am anderen Ende der Schiene.

Solange, bis endlich die hinderliche Hülle, gestrickt aus lieblicher Enge, gänzlich durchbrochen ist und das Dorf handeln kann. Das Dorf den Herzschlag der Welt fühlen kann. Es fortschreiten kann. Schnell. Immer schneller. Endlich."

Der Zauberer hat sich einen Stuhl auf die Bühne geholt, auf dem er nun sitzt. „Zwei Schritte haben wir schon gesetzt, die erklären, warum der blaue, leuchtende Globus so leicht in unseren Händen liegt. Aber der Weltenlauf lässt uns keine Zeit zum Rasten, ohne anzuhalten rast die Geschichte vorwärts ...“

Er schlägt mit der Hand auf sein Bein – und die Bühne wird gehüllt in grelles Licht. Dann fährt er mit derselben Hand langsam über seinen Schenkel – und das Licht wird immer schwächer.

„Licht! Ein junges Wunder!“, ruft er aus und greift hinter sich und hat – einen Kienspan in der Hand.

„Früher sind wir hinaus in den Wald gegangen und haben von unserem Baum den Kienspan geholt. Wir haben das Feuer gerieben und ‚es wurde Licht‘. Und manchmal haben wir dabei dankbar an den Baum gedacht.

Heute drehen wir – außer man ist ein Zauberer – einen Knopf und denken dabei an niemanden: nicht an den Mann, der die Leitungen in unserem Kopf verlegte. Nicht an den Holzfäller, der den Baum fällte, aus dem der Mast gearbeitet wurde, nicht an den Arbeiter an der Maschine, die den Kupferdraht fertigte.

Es wird Licht, aber wir hören nichts davon. Warum diese seltsame Stille? Der Kienspan hat noch ein Knistern in den Raum gezittert, bevor er zu glühen begann.

Es hat etwas mit der Aufhebung von Zeit und Raum zu tun. Wie im Märchen. Als würde der Acker, ansatzlos, wie auf Geheiß des Himmels, zum Feld geworden sein, auf dem sich die Ähren wiegen. Kein Pflügen, kein Säen, kein Regen, keine Sonne, kein erster Grünfinger. Wie auf Knopfdruck: Frucht.

Wenn wir das Licht andrehen, ist es so, als würden Zeit und Raum aufgelöst werden. Wir sehen und spüren nichts von der Verbindung zwischen Beginn, der Erzeugung des Stroms, und Ende, dem Licht, das unser Leben erhellt.

Als wäre durch das Holen des Kienspans, sein Entfachen und sein Feuer auf wundersamste, ja märchenhafte Weise ein fast unsichtbares, kaum wahrnehmbares Zauberding geschaffen.

Aber wozu philosophieren wir über solche Dinge? Jeder Kopf ist heute elektrifiziert, und unvorstellbar, wäre dem nicht so: Es gäbe keine Fabriken und keine Atomuhren, keine Mobiltelefone und keine Kinos. Keine elektrischen Stühle und keine Herzkreislaufmaschinen. Keine Space Shuttles und keine ferngesteuerten Modellautos. Nichts davon gäbe es.

Manchmal träumen wir noch vom Licht des Kienspans, träumen von ihm, ohne es zu wissen, träumen von dem schwachen Licht, das er auf die Außenwelt warf, aber dafür unser Inneres erhellte.

Aber es ist nicht mehr möglich, die Leitungen zu kappen. Der Kopf ist elektrifiziert. Uns wird ein Licht angedreht. Unser Inneres soll leuchten. Unser Strahlen kann nicht übersehen werden. Wir und der Strom haben die Finsternis besiegt.

Und der Kienspan, fragen wir, was ist mit dem Kienspan?

Das ist Erinnerung, antwortet der Alltag. Nun sind WIR das Licht des Universums."

Der Kienspan in der Hand des Zauberers verlöscht langsam. Nur mehr seine Umrisse sind zu sehen, dann wird es ganz dunkel auf der Bühne.

„Schon wartet der nächste Schritt, wir müssen weiter: Nun geht es dem netten Plaudern im Dorf an den Kragen. Dazu waren bisher mindestens zwei notwendig. Die sich immer fanden: auf der Dorfstraße, im Gasthaus, nach der Kirche. Man steht oder sitzt sich gegenüber, hat den anderen im Auge und erzählt. Und der andere hört zu. Und umgekehrt. Und wieder umgekehrt. Bis man alles gesagt hat und aufsteht und geht.

Aber die Sehnsucht, den Gartenzaun hinter sich zu lassen, wird stärker und eines Tages kommt einer und sagt ‚Telegraph‘. Das Dorf antwortet: Den kennen wir nicht.

O.k., sagt der andere schon etwas gereizt, wir versuchen es anders herum: Stellt euch winzige Männchen vor, die durch Drähte, dünn wie Wollgarn, von einem Kasten zum anderen laufen, schnell wie, sagen wir, der Wind, und euch eine Nachricht überbringen. Ihr sagt ‚Hallo‘, und in der gleichen Sekunde hört man dieses Hallo in, sagen wir mal, Berlin.

Nein, nein, wird das Dorf antworten, sicher nicht, denn wir kennen niemanden in ‚Berlin‘.

Der andere wird kopfschüttelnd das Dorf in eurem Kopf verlassen und ein paar Dutzend Vollmonde später wird man im Postamt, das man in das Dorf in unserem Kopf gebaut hat, Geräusche hören, die wie ‚Hallo‘ klingen und aus einem anderen Dorf namens Berlin kommen sollen.

Von diesem Tag an wird man im Dorf am Sonntag nach der Kirche nicht mehr von den eigenen Problemen sprechen, sondern davon, dass die Königin von England Husten hat.

Werden die Stimmen aus dem Nachbardorf, vor der Ankunft des Telegraphen sechs Stunden auf dem Rücken eines Pferdes entfernt, durch das Drücken einiger Tasten in ein paar Sekunden herbeigeholt.

Und was bedeuten schon die Sorgen des Nachbarn wegen seines alten Gaules, wenn zur gleichen Zeit der Telegraph von der Geburt des ersten Löwenjungen in Gefangenschaft berichtet?

Es ist der Tag, an dem Mutter Erde das Dorf in unserem Kopf aus ihrer schützenden Hülle ausstößt und es zum Teil einer fantastischen, ungeheuerlichen Weltmaschine macht. Und niemand wird ahnen, welche Bedeutung dieser Tag für Dörfer wie das in unserem Kopf einmal haben wird.“

Die Umrisse des Zauberers werden deutlicher und als er wieder ins Scheinwerferlicht gehüllt ist, hebt sich plötzlich der Stuhl und wie von Zauberhand schwebt er sitzend zwischen Boden und Decke. „Ein Trick", ruft er den Besuchern zu. „Ein simpler Trick. Bitte das Licht!" Scheinwerfer werden angedreht, die von hinten in den Zuschauerraum strahlen, und nun werden durchsichtige Seile sichtbar, an denen der Stuhl befestigt ist. „Und da oben" – und er zeigt in den Schnürboden – „sitzt einer, der den Hebel der Seilwinde auf mein Zeichen hin bedient."

Auf ein Zeichen hin fährt der Stuhl zu Boden, er steht auf und kommt nach vorne zur Bühnenrampe. „Was aber, wenn wir nicht mehr unterscheiden können zwischen Fiktion und Wirklichkeit, was wird dann mit uns passieren? Genau dorthin wird uns der nächste Schritt auf dem Weg vom Dorf zur Welt führen ...

Wenn die Alten im Dorf in unserem Kopf ihre Märchen erzählten, zauberten sie an langen Abenden Könige und Feen, Boskabauter und Drachen in die Stuben – so leibhaftig, dass die Kinder des Dorfes sich enger an die Großen drückten, weil sie Angst hatten, eine der Märchenfiguren könnte nach ihnen greifen. Besonders beliebt war die Geschichte von der Hexe und ihrer Glaskugel, in der sie – nur indem sie mit einer flachen Handbewegung über das Ding strich – jeden Ort der Welt erscheinen lassen konnte. Kaum einer der Zuhörer, der in der folgenden Nacht nicht von so einem Wunderding und seinen Möglichkeiten träumte.

Das Dorf hatte eine solche ‚Glaskugel' – eine sehr einfache, die Bilder lieferte, die sich nur wenig voneinander unterschieden: das Gehen des Nachbarn hing für drei Sekunden im Fensterkreuz. Der Baum füllte das Bild des Fensters in einem Zwölf-Monate-Spaziergang. Die Wolken am Horizont und das Schwarz der Nacht mit ihrem Sternenmuster waren ein Zwölf-Stunden-Fensterprogramm.

Das Bild der Augen und die Wirklichkeit waren eins – in unserem Dorf im Kopf. Daneben gab es nur noch diese anderen Wirklichkeiten, die der Märchen und Geschichten, und die der Träume und der Fantasie.

Und als eines Tages jemand rief: Er ist gekommen!, verfolgten dies die Alten im Dorf mit einer seltsamen Stille, einer unaussprechlichen Ahnung, einer verwunderlichen Traurigkeit.

Die erste Glaskugel im Dorf, die nicht der Fantasie der Märchenerzähler, sondern der wahrhaftigen Wirklichkeit entsprungen war, und leibhaftig, angreifbar, vibrierend nun auf einem Tisch stand. Der Pfarrer war es, der die rechteckige Glaskugel durch eine heilige Handlung zum Leben erwecken durfte und damit die Wirklichkeit, die doch gerade eben noch nur aus Augen-Blicken bestand, in die Wirklichkeit der Welt außerhalb des Gartenzaunes verwandelte, die plötzlich wie ein Tsunami in das Dorf in unserem Kopf hereinbrach.

Alle Enge des Dorfes, das ich in eurem Kopf gebaut habe, ist verschwunden. Direkt hinter dem Gartenzaun wartet schon der ‚Life is easy'-Rollercoaster. Steigt ein, habt keine Angst. Fasten your Sensebelts. Frühstück in Rio, Break in New Yorks Börsehektik. Happyhour-Business in Londons Clockwork Orange-Bridge.

Die Welt kommt in unser Dorf.

Städte werden im 3D-Verfahren ins Auge projiziert. Menschen werden pingecodet, umgespeichert, abgelegt in der Infothek.

Die Welt ist in unserem Dorf.

Geräuschebrei wird undosiert verabreicht, abgeschluckt und ausgeschieden. Ohrgehäuse blinkt ‚Game over' – endlich ist das Lauschen besiegt.

Die Welt verbreitet sich in unserem Dorf.

Die Gefühlemafia will das Sehen unterwandern, produziert hinterhältig Bilder: Homeless People tauchen aus

U-Bahnschächten auf, grenzenlose Lebend-Fleischbeschauung. Gewaltbomben sprengen Idyllewahnvorstellung.

Die Welt hat das Dorf unter seine Kontrolle gebracht."

Mit dem letzten Satz des Zauberers wird es finster im Theater und als das Licht wieder angeht, ist die Bühne leer, der Zauberer verschwunden. Die Gäste blicken sich unsicher um, ist die Vorstellung zu Ende? Schon wollen die ersten aufstehen – ein seltsames Ende, denken sie –, als in der Mitte der Bühne etwas, was noch nicht zu erkennen ist, lautlos aus dem Boden wächst, größer wird, jetzt wie ein Ballon in der Luft schwebt, und nun wird auch deutlich, was es ist: eine Null. Eine große Null. Während das Ding wackelt und sich dreht, kriecht von derselben Stelle etwas anderes hervor, es ist nicht rund, sondern gerade, und als es fertig dasteht, ebenfalls schon ein Stück vom Boden abgehoben, ist klar, dass es sich um eine Eins handelt. Und mit einem Mal bricht es los: Binnen weniger Sekunden ist die ganze Bühne ausgefüllt mit Nullen und Einsen, schon so viele, dass sie sich nicht mehr bewegen können, sondern eine Wand, eine undurchdringliche Wand bilden. Es kommen aber immer noch mehr, bis die Wand zu explodieren scheint und sich nun die Figuren in den Zuschauerraum wälzen. Die Zuseher wollen sich wehren, wollen in Panik flüchten, können sich aber nicht von ihren Sitzen bewegen, etwas scheint sie festzuhalten. Erste Schreie. Dann ein Knall – und der Spuk ist vorbei. Der Zauberer steht auf der Bühne mit einer Nadel in der Hand.

„Null – Eins" sagt er mit ruhiger Stimme, als hätte es die letzten Sekunden nicht gegeben. „Wie eine Wand, die uns erdrückt, wie der Aladin, den wir aus der Wunderlampe gelassen haben, und nun nicht mehr wissen, wie seiner Herr werden. Null – Eins. Wir sind am Ende der Geschichte angekommen. Es war einmal ..." – und dieses „Es war einmal" sagt der Zauberer mit solch ernstem Klang, dass ein jeder weiß, dass nun kein Märchen folgen wird ...

„Um die ganze Welt in das Dorf zu pressen, das ich in euren Kopf gebaut habe, ist ein kleiner Eingriff notwendig. Aber habt keine Angst, es geschieht ganz ohne Blutvergießen. Auch ist mit Komplikationen kaum zu rechnen. Kleine, aber unbedeutende Bewusstseinsänderungen sind allerdings nicht auszuschließen. ALLES wird mit einem Mal sonnenklar. Alles erklärbar. Nichts ist mehr ein Rätsel. Geheimnisse hören zu existieren auf.

Das klingt nach Zauber, nach Magie und ,wahrem Wunder': und ist doch nichts anderes als NULL EINS.

NULL EINS – so wenig braucht es, um ein neues Universum, eine neue Zeit, einen neuen Menschen zu erschaffen ...

Aber nun lasst uns das Spiel endlich versuchen: Öffnen wir zuerst einmal – zur Einstimmung sozusagen – die Ohren: Parallel zu den Worten, die ihr sagt, hört ihr Worte, die tausende von Kilometern entfernt, in derselben Sekunde, Lachen, Weinen oder eine Revolution auslösen.

Und eure Wirklichkeit ist nicht mehr nur die, die ihr ,be-greifen' könnt ...

Jetzt öffnen wir die Augen: Parallel zu dem Bild, das euer Fenster von der Natur liefert, seht ihr ein Bild, das eine Natur zeigt, die tausende Kilometer entfernt, in derselben Sekunde, Wind, Regen oder Kälte produziert.

Und eure Wirklichkeit ist nicht mehr nur die, die ihr ,er-fahren' könnt ...

Jetzt öffnet eure Gedanken: Parallel zu den Nachrichten in eurem Kopf, die euer Computer für euch gerade – NULL EINS – codiert, um sie Sekundenbruchteile später in ein weltumfassendes Netz zu senden, empfangt ihr Informationen – NULL EINS – die in derselben Sekunde von Menschen rund um den Globus in dieses weltumfassende Netz eingespeist wurden.

Und eure Wirklichkeit ist nicht mehr nur die, die ihr benennen, erkennen, entdecken, verstehen, verarbeiten, erarbeiten könnt.

NULL EINS: Das Dorf in unserem Kopf hat sich zur Welt, hat sich zur ganzen Welt gewandelt. Ihr seid jetzt EIN Mittelpunkt dieser Welt, denn ihr seid zu einem der Milliarden Kreuzungspunkte dieses gewaltigen Netzes geworden, das sich, gewoben aus den unsichtbaren Fäden NULL EINS, lautlos, unspürbar und unaufhaltsam um die Erde gelegt hat ..."

Der Zauberer schreitet langsam die Treppe hinunter, die von der Bühne in den Zuschauerraum führt, geht durch die Reihen und reicht seinen Gästen die Hände.

„Ist es nicht unfassbar wunderbar, dass die ganze Welt zu einem Dorf geworden ist. Wir mit Menschen in allen Erdteilen kommunizieren, als wären sie unsere Nachbarn. Ist es nicht ein Wunder, dass Sie – und er bleibt vor einem Ehepaar stehen – heute Nachmittag mit Ihrer Tochter in Australien über Skype stundenlang reden und sie sehen konnten, ohne einen Cent dafür zu bezahlen? Und Sie – und er zeigt auf einen Mann zwei Reihen dahinter – wären nach Ihrem Herzstillstand vor fünf Monaten heute Abend nicht hier, sondern lägen auf dem Friedhof. Ihnen – und er nimmt die Hand eines jungen Mädchens – steht alles Wissen, jede Schulbank dieser Welt zur Verfügung, und Sie haben diese fabelhaften Möglichkeiten genützt – gratuliere, übrigens, seit voriger Woche Frau Magister der Betriebswirtschaft und des Rechts. Im Dorf hätten Sie womöglich Ihr Leben als Magd gefristet."

Der Zauberer schreitet wieder langsam die Treppe hinauf auf die Bühne. „Für uns", sagt er, „sowie auch für unsere

Vorfahren in allen Zeiten, erscheint die momentane Welt so kompliziert, verquer und schwierig. Doch ich kann euch versichern – so einfach, locker und leicht ist die Welt noch nie zuvor gewesen!" Er streckt seine Hand mit einer Drehung nach vorne und am Ende der Bewegung hält ein jeder seiner Gäste einen blauen, leuchtenden Globus in seinen Händen. Leicht wie ein Luftballon – oder ist es doch nur eine Seifenblase ...

Was am siebzehnten Abend passierte ...

Als der Zauberer am siebzehnten Abend die Bühne des Wirtshaussaales seines Dorfes betritt, erwarten die Dorfbewohner, wie an den Tagen zuvor, voller Spannung, Freude und Ungeduld seine Erzählungen und Fantasiekunststücke.

Aber Leon Dorin steht an diesem Abend lange nur so da und blickt einem nach dem anderen in die Augen – mit diesem glücklichen Lächeln, das er auch getragen hatte, als er vor vielen Monaten in ihr Dorf gekommen war.

Dann plötzlich, ansatzlos und ohne jede Vorwarnung, hebt er vom Boden ab, schwebt empor, dreht noch eine kleine Runde über den Köpfen der Dörfler und verschwindet durch ein geöffnetes Fenster in die Dunkelheit.

Im Saal herrscht Stille. Keine entsetzten Schreie, jeder bleibt auf seinem Platz und starrt auf die leere Bühne. Sie schauen dorthin, als würde er noch dort stehen, schauen dorthin in der Gewissheit, dass er dort gleich wieder auftauchen würde, solche Kunststücke hatten sie an den letzten sechzehn Abenden zur Genüge gesehen – von ihrem Zauberer, der, das wussten sie jetzt, nicht einer war, der mit Tricks, die man im Magie-Supermarkt kaufen konnte, sein Publikum faszinierte, sondern mit etwas anderem. Etwas ganz anderem.

So still und bewegungslos sitzen sie da und warten. Zuerst erwartungsvoll, bald mit einer leisen Ahnung. Bis sich der erste langsam und schweigend erhebt, und langsam und schweigend ihm alle anderen folgen – das Dorf weiß, die Vorstellung ist vorüber, Leon Dorin fort.

Sie kehren, noch immer ohne ein Wort gesprochen zu haben, in ihre Häuser zurück. Mit einem glücklichen Lächeln – genauso eines, wie er es getragen hatte, als er in ihr Dorf, in ihr großes, wunderbares Dorf gekommen war ...

Inhalt